Poesía completa

Alfaguara es un sello editorial del Grupo Santillana

www. alfaguara.com

Argentina
Av. Leandro N. Alem 720
C 1001 AAP Buenos Aires
Tel. (54 114) 119 50 00

Bolivia
Avda. Arce 2333
La Paz
Tel. (591 2) 44 11 22
Fax (591 2) 44 22 08

Chile
Dr. Aníbal Ariztía 1444
Providencia
Santiago de Chile
Tel. (56 2) 236 85 60
Fax (56 2) 236 98 09

Colombia
Calle 80, nº10-23
Bogotá
Tel. (57 1) 635 12 00
Fax (57 1) 236 93 82

Costa Rica
La Uruca
100 m oeste de Migración y Extranjería
San José de Costa Rica
Tel. (506) 220 42 42 y 220 47 70 / 1 / 2 / 3
Fax (506) 220 13 20

Ecuador
Avda. Eloy Alfaro 2277 y 6 de Diciembre
Quito
Tel. (593 2) 244 52 58 / 244 66 56 /
    244 21 54 / 244 29 52 /244 22 83
Fax (593 2) 244 87 91

España
Torrelaguna, 60
28043 Madrid
Tel. (34 91) 744 90 60
Fax (34 91) 744 92 24

Estados Unidos
2105 N.W. 86th Avenue
Miami, F.L. 33122
Tel. (1 305) 591 95 22 / 591 22 32
Fax (1 305) 591 91 45

Guatemala
30 Avda. 16-41
Zona 12
Guatemala C.A.
Tel. (502) 475 25 89
Fax (502) 471 74 07

México
Avda. Universidad 767
Colonia del Valle
03100 México D.F.
Tel. (52 5) 688 75 66 / 688 82 77 / 688 89 66
Fax (52 5) 604 23 04

Paraguay
Avda. Venezuela, 276, entre Mariscal Ló-
pez y España
Asunción
Tel./fax (595 21) 213 294 / 214 983 / 202 942

Perú
Avda. San Felipe 731
Jesús María
Lima
Tel. (51 1) 461 02 77 / 460 05 10
Fax. (51 1) 463 39 86

Puerto Rico
Centro Distribución Amelia
Calle F 34, esquina D
Buchanan – Guaynabo
San Juan P.R. 00968
Tel. (1 787) 781 98 00
Fax (1 787) 782 61 49

República Dominicana
César Nicolás Penson 26, esquina Galván
Edificio Syran 3º
Gazcue
Santo Domingo R.D.
Tel. (1809) 682 13 82/ 221 08 70 / 689 77 49
Fax (1809) 689 10 22

Uruguay
Constitución 1889
11800 Montevideo
Tel. (598 2) 402 73 42 / 402 72 71
Fax (598 2) 401 51 86

Venezuela
Avda. Rómulo Gallegos
Edificio Zulia, 1º
Boleita Norte
Caracas
Tel. (58 212) 235 30 33
Fax (58 212) 239 79 52

BIBLIOTECA

José
Saramago

Poesía
completa

Traducción de
Ángel Campos Pámpano

ALFAGUARA

Títulos originales:
Os Poemas Possíveis, Provavelmente Alegria, O Ano de 1993
© 1982, 1985, 1987, José Saramago y Editorial Caminho, S. A., Lisboa.
Con autorización de Dr. Ray-Güde Mertin, Literarische Agentur,
Bad Homburg, Alemania
© De la traducción: Ángel Campos Pámpano
© De la traducción del prólogo y del epílogo: Pilar del Río
© 2005, Santillana Ediciones Generales, S. L.
© De esta edición: Aguilar, Altea, Taurus, Alfaguara S.A. de Ediciones
Av. Leandro N. Alem 720, (1001) Buenos Aires, Argentina.

© Diseño de cubierta:
Manuel Estrada

ISBN: 987-04-0107-4
Hecho el depósito que indica la ley 11.723
Impreso en la Argentina. *Printed in Argentina*
Primera edición: abril de 2005

Saramago, José
Poesía completa - 1a ed. - Buenos Aires : Aguilar, Altea, Taurus, Alfaguara,
2005.
656 p. ; 23x14 cm.

ISBN 987-04-0107-4

1. Poesía Portuguesa I. Título
CDD P861.

PRÓLOGO

Sometido a la apreciación de los lectores portugueses en el ya distante año 1966, el libro al que, por no saber lo que me reservaba el futuro, le di el prudente título de *Los poemas posibles,* sólo vería una segunda edición en 1982. La tercera, con más fortuna, no necesitó esperar tanto, apareció tres años después. Mucha agua ha pasado bajo los puentes, mucho tiempo ha transcurrido desde entonces, ya sea del que se mide en el calendario, tiempo cuantificable o tiempo matemático, ya sea ese otro que sólo subjetivamente puede ser tasado, tiempo interior o tiempo psicológico. La composición más antigua de la colectánea, escrita cuando el aprendiz de poeta apenas pasaba de los veinte años, se llama «Poema a boca cerrada» y contiene, en sus últimos versos, un compromiso y un anhelo que todavía hoy me asombra por la desmesura del desafío que se proponían: *Que quien se calla cuanto me callé / No se podrá morir sin decir todo.* No imaginaba él, no imaginábamos ambos, que sesenta años después todavía estaríamos vivos para hacer las cuentas al largo camino recorrido desde el silencio crispado de entonces a las palabras libres de ahora. En todo caso, hoy sé lo que él no podía saber, que sólo cuando se tiene veinte años es posi-

ble creer que algún día se llegará a decir todo. La vida, incluso la más prolongada, incluso la de un viejísimo matusalén de barbas fluviales, siempre dejará tras de sí sombras calladas, restos incombustibles, islas desconocidas. Ni sesenta años más, ni unos impensables seiscientos años, serán bastantes para desbravar las islas, quemar los restos y obligar a hablar a las sombras.

Tiene la citada segunda edición de *Los poemas posibles,* como prólogo, un breve aviso al lector, repetido en la tercera, que, si no me equivoco demasiado, cabe en esta publicación bilingüe de mi *Poesía completa,* que Alfaguara, en un rasgo ejemplar de generosidad, decidió lanzar ante el desconcierto, por no decir estupefacción, de un autor que sin haber soñado nunca con semejante festín editorial sí se interrogaba, y sigue interrogándose, si la calidad de los platos servidos compensará el trabajo de cocinarlos. He aquí, con algunas ligeras alteraciones de forma, lo que escribí en 1982: «Se podría preguntar si estos versos (palabra hoy poco usada, pero muy oportuna para el caso) merecen segunda oportunidad, o si, por ventura, esa oportunidad vendrá dictada por determinadas y más cabales demostraciones del autor en los territorios de la ficción. Si, en definitiva, estamos comprobando un simple y frecuente fenómeno de aprovechamiento editorial, mera estrategia de lo que suele llamarse política de autores, o si, muy al contrario, ha sido la constante poética del trabajo del autor la que ha legitimado la resurrección del libro, ya que en él se habrían comenzado a definir nexos,

temas y obsesiones que llegarían a ser la columna vertebral de un cuerpo literario en tránsito. Aceptemos la última hipótesis, única que hará posible, primero, y que justificará, después, este regreso poético. ¿Poesía datada? Sin duda. Toda creación cultural ha de contener una fecha irrenunciable, la que le viene impuesta por el tiempo que la ha producido. Pero también llevará siempre, y en primer lugar, la de los materiales heredados —cuántas veces inoportunamente dominantes—, o, de tarde en tarde, esa impalpable fecha que todavía está por llegar, ese sentir, ese ver, ese experimentar que es aún sólo futuro. Sin embargo, esa capacidad de ver con anticipación queda para los genios, y, obviamente, no es de éstos de quienes aquí se trata». Precisamente, los nexos, los temas y las obsesiones de un cuerpo literario en tránsito, de este escritor que se viene observando a sí mismo como a una especie de continua crisálida que, segura de que jamás alcanzará el último instante de la metamorfosis, el que daría origen al insecto perfecto, se acepta y realiza en su propio e incesante movimiento. Nada más, pero también nada menos. La crisálida se mueve en el lugar oscuro en que se encerró, el escritor se mueve en el lugar oscuro que es.

Ese movimiento, el tiempo psicológico e interior al que antes hice referencia, fue el que, poco a poco, convirtió al poeta incipiente en novelista aceptable. El primer paso en el camino lo condujo a un segundo libro de poesía, *Probablemente alegría* (1970), que, desarrollando y depurando el tratamiento de temas que ya estaban en *Los poemas po-*

sibles, se abre a orientaciones nuevas que lo aproximan al poema en prosa, en particular al versículo como célula rítmica y melódica, del que son ejemplos «Protopoema», «La mesa es el primer objeto», «En la isla a veces habitada». Esta apertura a una expresión diferente en la obra del autor, liberado de los amables constreñimientos de la métrica y de la rima, se completaría en el tercer y último paso que es *El año de 1993,* publicado en 1975, en el auge del movimiento revolucionario popular subsecuente del derrumbamiento de la dictadura en Portugal. Se compone de treinta poemas de extensión variable que describen, con estilo al mismo tiempo realista y metafórico, la terrible ocupación de un país por un invasor cruel, ambos no nominados, hasta la liberación final, cuando *el arco iris vuelve todas las noches y eso es una buena señal,* cuando *Lejos en el mar el otro extremo del arco iris se sumergía hasta el fondo de las aguas y los peces deslumbrados giraban alrededor de la luminosa columna...* Según algunos críticos más atentos, este libro anunció y abrió la puerta de la ficción que la crisálida invisible venía preparando en la oscuridad del capullo. Dos años después sería publicado *Manual de pintura y caligrafía,* luego vendría *Levantado del suelo,* luego *Memorial del convento,* luego *El año de la muerte de Ricardo Reis.* Hasta hoy...

A la entrada de *Los poemas posibles* se leen unos versos de Antonio Machado, que están ahí desde 1966. *Demos tiempo al tiempo: / para que el vaso rebose / hay que llenarlo primero.* Sí, cualquier niño, con la inocente lógica de su edad, sería capaz

de decir lo mismo, que únicamente rebosará el vaso si antes lo hemos llenado, pero me apuesto contra una página en blanco todos los libros que he escrito a que el poeta de *Campos de Castilla* sabía perfectamente que el vaso en que pensaba (¿la vida, la obra?) nunca se colmaría hasta derramar porque nunca se conseguiría llenar por completo. Como Sísifo empujando la piedra hacia la cima del monte para verla rodar otra vez hasta el valle, como las Danaides, condenadas a rellenar en vano durante toda la eternidad un tonel sin fondo, como todos nosotros que vamos poniendo letras tras letras, a la espera de que el infinito se deje tocar algún día. Antonio Machado estuvo casi, casi. Sólo le faltó el tiempo.

JOSÉ SARAMAGO

LOS POEMAS POSIBLES

OS POEMAS POSSÍVEIS

Demos tiempo al tiempo:
para que el vaso rebose
hay que llenarlo primero.

ANTONIO MACHADO

HASTA LA CARNE

ATÉ AO SABUGO

ATÉ AO SABUGO

Dirão outros, em verso, outras razões,
Quem sabe se mais úteis, mais urgentes.
Deste, cá, não mudou a natureza,
Suspensa entre duas negações.
Agora, inventar arte e maneira
De juntar o acaso e a certeza,
Leve nisso, ou não leve, a vida inteira.

Assim como quem rói as unhas rentes.

HASTA LA CARNE

Otros dirán en verso otras razones,
Quién sabe si más útiles, más urgentes.
Éste no cambió su naturaleza,
Suspendida entre dos negaciones.
Ahora, inventar arte y manera
De juntar el azar y la certeza,
Se lleve en eso, o no, la vida entera.

Como quien se muerde las uñas cercenadas.

ARTE POÉTICA

Vem de quê o poema? De quanto serve
A traçar a esquadria da semente:
Flor ou erva, floresta e fruto.
Mas avançar um pé não é fazer jornada,
Nem pintura será a cor que não se inscreve
Em acerto rigoroso e harmonia.
Amor, se o há, com pouco se conforma
Se, por lazeres de alma acompanhada,
Do corpo lhe bastar a presciência.

Não se esquece o poema, não se adia,
Se o corpo da palavra for moldado
Em ritmo, segurança e consciência.

ARTE POÉTICA

¿Viene de qué el poema? De cuanto sirve
Para trazar a escuadra la sementera:
Flor o hierba, floresta y fruto.
Pero avanzar un pie no es hacer jornada,
Ni cuadro será el color que no se inscribe
Con acierto riguroso y armonía.
Amor, si lo hay, con poco se conforma
Si, por ocio de alma acompañada,
Del cuerpo le basta la presciencia.

No se olvida el poema, no se aplaza,
Si el cuerpo de la palabra es moldeado
Con firmeza, ritmo y conciencia.

PROCESSO

As palavras mais simples, mais comuns,
As de trazer por casa e dar de troco,
Em língua doutro mundo se convertem:
Basta que, de sol, os olhos do poeta,
Rasando, as iluminem.

PROCESO

Las palabras más simples, más comunes,
Las de andar por casa y dar a cambio,
En lengua de otro mundo se convierten:
Basta que, de sol, los ojos del poeta,
Rasando, las iluminen.

PROGRAMA

No esforço do nascer está o final,
Na raiva de crescer se continua,
Na prova de viver azeda o sal,
Na cava do amor sua e tressua.
Remédio, só morrendo: bom sinal.

PROGRAMA

En el esfuerzo de nacer está el final,
En la rabia de crecer se continúa,
En la prueba de vivir aceda la sal,
En la cava del amor resuda y suda.
Remedio, sólo muriendo: buena señal.

«SE NÃO TENHO OUTRA VOZ»

Se não tenho outra voz que me desdobre
Em ecos doutros sons este silêncio,
É falar, ir falando, até que sobre
A palavra escondida do que penso.

É dizê-la, quebrado, entre desvios
De flecha que a si mesma se envenena,
Ou mar alto coalhado de navios
Onde o braço afogado nos acena.

É forçar para o fundo uma raiz
Quando a pedra cabal corta caminho,
É lançar para cima quanto diz
Que mais árvore é o tronco mais sozinho.

Ela dirá, palavra descoberta,
Os ditos do costume de viver:
Esta hora que aperta e desaperta,
O não ver, o não ter, o quase ser.

«SI NO TENGO OTRA VOZ»

Si no tengo otra voz que me desdoble
En ecos de otros sones este silencio,
Hablo, sigo hablando, hasta que sobre
La palabra escondida de lo que pienso.

Es decirla, quebrado, entre desvíos
De flecha que a sí misma se envenena,
O mar alto cuajado de navíos
Donde el brazo ahogado hace señas.

Es forzar hasta el fondo una raíz
Cuando la piedra cabal corta el camino,
Es lanzar hacia arriba cuanto dice
Que más árbol es el tronco solitario.

Ella dirá, palabra descubierta,
Los dichos de la costumbre de vivir:
Esta hora que aprieta y desaprieta,
El no ver, no tener, el casi ser.

BALANÇA

Com pesos duvidosos me sujeito
À balança até hoje recusada.
É tempo de saber o que mais vale:
Se julgar, assistir, ou ser julgado.
Ponho no prato raso quanto sou,
Matérias, outras não, que me fizeram,
O sonho fugidiço, o desespero
De prender violento ou descuidar
A sombra que me vai medindo os dias;
Ponho a vida tão pouca, o ruim corpo,
Traições naturais e relutâncias,
Ponho o que há de amor, a sua urgência,
O gosto de passar entre as estrelas,
A certeza de ser que só teria
Se viesses pesar-me, poesia.

BALANZA

Con pesas dudosas me someto
A la balanza hasta hoy negada.
Es tiempo de saber lo que más vale:
Si juzgar, asistir, o ser juzgado.
Pongo en el plato raso cuanto soy,
Materias, otras no, que me hicieron,
El sueño esquivo, la desesperanza
De prender violento o descuidar
La sombra que va midiendo mis días;
Pongo la vida escasa, el cuerpo ruin,
Traiciones naturales y desganas,
Pongo lo que hay de amor, su urgencia,
El gusto de pasar entre estrellas,
La certeza de ser que tan sólo tendría
Si vinieses a pesarme, poesía.

«RECORTO A MINHA SOMBRA»

Recorto a minha sombra da parede,
Dou-lhe corda, calor e movimento,
Duas demãos de cor e sofrimento,
Quanto baste de fome, o som, a sede.

Fico de parte a vê-la repetir
Os gestos e palavras que me são,
Figura desdobrada e confusão
De verdade vestida de mentir.

Sobre a vida dos outros se projecta
Este jogo das duas dimensões
Em que nada se prova com razões
Tal um arco puxado sem a seta.

Outra vida virá que me absolva
Da meia humanidade que perdura
Nesta sombra privada de espessura,
Na espessura sem forma que a resolva.

«RECORTO MI SOMBRA»

Recorto mi sombra de la pared,
Le doy cuerda, calor y movimiento,
Dos manos de color y sufrimiento,
Cuanto baste de hambre, el son, la sed.

Me aparto viéndola repetir
Los gestos y palabras que me son,
Figura desdoblada y confusión
De verdad vestida de mentir.

Sobre la vida de los otros se proyecta
Este juego de las dos dimensiones
En que nada se prueba con razones
Como un arco tensado sin su flecha.

Otra vida ha de venir que me absuelva
De la media humanidad que perdura
En esta sombra privada de espesura,
En la espesura sin forma que la resuelva.

ACIDENTE DE VIAÇÃO

Vago, secreto, alheio e disfarçado
No conforme cortejo da cidade,
Dobro esquinas e paro separado,
À espera de mim mesmo ou da metade
Que ficou sem saber do outro lado.

Ponho letras bastardas a deslado
Das palavras cruzadas do jornal,
Dou um grito de aviso, arrepiado,
Contra a luz encarnada do sinal
E piso, como brasa, o chão molhado.

Fica atrás o meu fato amarrotado,
A sangrar das costuras esgarçadas,
Acode o alfaiate convocado,
Enquanto vou pensando gargalhadas,
Vivo, secreto, alheio e disfarçado.

ACCIDENTE DE CIRCULACIÓN

Vago, secreto, ajeno y disfrazado
En el conforme cortejo de la ciudad,
Doblo esquinas y me paro separado,
A la espera de mí mismo o de la mitad
Que se quedó sin saber del otro lado.

Pongo bastardillas descuidadas
En los crucigramas del periódico,
Doy un grito de aviso, horripilado,
Contra la luz encarnada de la señal
Y piso, como brasa, el suelo mojado.

Atrás queda mi traje arrugado,
Sangrando por costuras deshiladas,
Acude el sastre que ha sido convocado,
Mientras voy pensando carcajadas,
Vivo, secreto, ajeno y disfrazado.

TAXIDERMIA, OU POETICAMENTE
HIPÓCRITA

Posso falar de morte enquanto vivo?
Posso ganir de fome imaginada?
Posso lutar nos versos escondido?
Posso fingir de tudo, sendo nada?

Posso tirar verdades de mentiras,
Ou inundar de fontes um deserto?
Posso mudar de cordas e de liras,
E fazer de má noite sol aberto?

Se tudo a vãs palavras se reduz
E com elas me tapo a retirada,
Do poleiro da sombra nego a luz
Como a canção se nega embalsamada.

Olhos de vidro e asas prisioneiras,
Fiquei-me pelo gasto de palavras
Como rasto das coisas verdadeiras.

TAXIDERMIA, O POÉTICAMENTE HIPÓCRITA

¿Puedo hablar de muerte mientras vivo?
¿Puedo aullar de hambre imaginada?
¿Puedo luchar en versos escondido?
¿Puedo fingirlo todo, siendo nada?

¿Puedo sacar verdades de mentiras,
O inundar de fuentes un desierto?
¿Puedo cambiar de cuerdas y de liras,
Y hacer de mala noche sol abierto?

Si todo a vanas palabras se reduce
Y con ellas cubro mi retirada,
Desde la cima de la sombra niego la luz
Como la canción se niega embalsamada.

Ojos de cristal y alas prisioneras,
Gastadas las palabras me he quedado
Cual rastro de las cosas verdaderas.

SIGNO DE ESCORPIÃO

Para ti, saberás, não há descanso,
A paz não é contigo nem fortuna:
O signo assim ordena.
Pagam-te os astros bem por essa guerra:
Por mais curta que a vida for contada,
Não a terás pequena.

SIGNO DE ESCORPIÓN

Sabrás que para ti no habrá descanso,
La paz no está contigo, tampoco la fortuna:
El signo así lo ordena.
Te pagan bien los astros esta guerra:
Por más breve que sea la cuenta de tu vida,
Pequeña no será.

«NO CORAÇÃO, TALVEZ»

No coração, talvez, ou digo antes:
Uma ferida rasgada de navalha,
Por onde vai a vida, tão mal gasta,
Na total consciência nos retalha.
O desejar, o querer, o não bastar,
Enganada procura da razão
Que o acaso de sermos justifique,
Eis o que dói, talvez no coração.

«EN EL CORAZÓN, QUIZÁ»

En el corazón, quizá, o más exacto:
Una herida rasgada con navaja,
Por donde se va la vida mal gastada,
Con total conciencia nos apuñala.
El desear, el querer, el no bastar,
Equivocada búsqueda de la razón
Que el azar de ser nos justifique,
Es eso lo que duele, quizá en el corazón.

DIA NÃO

De paisagens mentirosas
De luar e alvoradas
De perfumes e de rosas
De vertigens simuladas
Que o poema se desnude
De tais roupas emprestadas
Seja seco seja rude
Como pedras calcinadas
Que não fale em coração
Nem de coisas delicadas
Que diga não quando não
Que não finja mascaradas
De vergonha se recolha
Se as faces sentir molhadas
Para seus gritos escolha
As orelhas mais tapadas
E quando falar de mim
Em palavras amargadas
Que o poema seja assim
Portas e ruas fechadas

Ah que saudades do sim
Nestas rimas desoladas

DÍA NO

De paisajes mentirosos
De luar y alboradas
De perfumes y de rosas
De vértigos simulados
Que el poema se desnude
De esas ropas prestadas
Sea seco sea rudo
Cual piedras calcinadas
Que no hable de corazón
Ni de cosas delicadas
Que diga no cuando no
Que no finja mascaradas
Que de vergüenza se aleje
Si las mejillas siente mojadas
Que para sus gritos escoja
Los oídos más tapados
Y cuando hable de mí
Con palabras amargadas
Que el poema sea así
Puertas y calles cerradas

Ah qué saudades del sí
En estas rimas desoladas

DESTINO

Risco no chão um traço, à beira água:
Não tarda que a maré o deixe raso.
Tal e qual o poema. É comum sorte
Que areias e poemas tanto valham
Ao vaivém da maré, vem-vem da morte.

DESTINO

Hago en el suelo un trazo, junto al agua:
No tarda la marea en alisarlo.
Así es el poema. Es común suerte
Que arenas y poemas tanto valgan
Al vaivén de la marea, al ven ven de la muerte.

RITUAL

Se é altar o poema, sacrifico.
Nesta pedra de lua que é o verso
O cutelo do vivo ganha fio.
Cá virei de joelhos. Não recuso
O veado do prado do meu sonho
Ao dardo violento que o alcança.
Sem a lenha grosseira não há fogo,
Embora as mãos da luz acabem sujas
Da cinza arrefecida das palavras.

RITUAL

Si es altar el poema, sacrifico.
En la piedra de luna que es el verso
Cobra filo el cuchillo de lo vivo.
Aquí vendré de rodillas. No rechazo
Al ciervo de los prados de mi sueño
Ni al dardo violento que lo alcanza.
Sin leña gruesa no hay fuego,
Aunque las manos de la luz acaben sucias
De apagadas cenizas de palabras.

EPITÁFIO PARA LUÍS DE CAMÕES

Que sabemos de ti, se só deixaste versos,
Que lembrança ficou no mundo que tiveste?
Do nascer ao morrer ganhaste os dias todos?
Ou perderam-te a vida os versos que fizeste?

EPITAFIO PARA LUÍS DE CAMÕES

¿Qué sabemos de ti, si tan sólo dejaste versos,
Qué memoria quedó en el mundo que viviste?
¿Del nacer al morir ganaste cada día
O perdieron tu vida los versos que escribiste?

JOGO DAS FORÇAS

Resiste ainda a corda que se esgarça,
Rangendo entre os dois nós que a rematam:
Não fugiu dela a força que disfarça
Este romper de fibras que desatam.
Do nascimento e morte os pólos vejo
Na distorção que mostra a corda ferida,
Contraditório medo, que é desejo
De a conservar assim e ver partida.

JUEGO DE FUERZAS

Resiste aún la cuerda que se rasga,
Crujiendo entre los dos nudos que la rematan:
No huyó de ella la fuerza que disfraza
Este romper de fibras que desatan.
Del nacimiento y muerte los polos veo
En la distorsión que muestra la cuerda herida,
Contradictorio miedo, que es deseo
De conservarla así y verla rota.

VERTIGEM

Não vai o pensamento aonde o corpo
Não vai. Emparedado entre penedos,
Até o próprio grito se contrai.
E se o eco arremeda uma resposta,
São coisas da montanha, são segredos
Guardados entre as patas duma aranha
Que tece a sua teia de miséria
Sobre a pedra suspensa da encosta.

VÉRTIGO

No va el pensamiento a donde el cuerpo
No va. Emparedado entre rocas,
Hasta el propio grito se contrae.
Y si el eco remeda una respuesta,
Son cosas de la montaña, son secretos
Guardados entre las patas de una araña
Que teje su tela de miseria
Sobre la piedra suspendida de la cuesta.

LUGAR-COMUM DO QUADRAGENÁRIO

Quinze mil dias secos são passados,
Quinze mil ocasiões que se perderam,
Quinze mil sóis inúteis que nasceram,
Hora a hora contados
Neste solene, mas grotesco gesto
De dar corda a relógios inventados
Para buscar, nos anos que esqueceram,
A paciência de ir vivendo o resto.

LUGAR COMÚN DEL CUADRAGENARIO

Quince mil días secos han pasado,
Quince mil ocasiones que se perdieron,
Quince mil soles nulos que nacieron,
Hora a hora contados
En el solemne, mas grotesco gesto
De dar cuerda a relojes inventados
Para buscar, en los años olvidados,
La paciencia de ir viviendo el resto.

OUTRO LUGAR-COMUM

Porque um grito não rompo da garganta,
Uma bola de som que me transporte,
Na ponta incandescente duma seta,
Onde o tempo não gaste nem a morte?
Matéria mal composta e decadente
A fugir de si própria envergonhada,
Personagem esquecida do papel,
Sobre as tábuas do palco assobiada.

OTRO LUGAR COMÚN

¿Por qué un grito no saco de la garganta,
Esfera de sonido que me transporte,
En la punta incandescente de una flecha,
Donde el tiempo no gaste ni la muerte?
Materia mal compuesta y decadente
Huyendo de sí misma avergonzada,
Personaje que olvidó su papel,
En medio de la escena abucheado.

PASSADO, PRESENTE, FUTURO

Eu fui. Mas o que fui já me não lembra:
Mil camadas de pó disfarçam, véus,
Estes quarenta rostos desiguais,
Tão marcados de tempo e macaréus.

Eu sou. Mas o que sou tão pouco é:
Rã fugida do charco, que saltou,
E no salto que deu, quanto podia,
O ar dum outro mundo a rebentou.

Falta ver, se é que falta, o que serei:
Um rosto recomposto antes do fim,
Um canto de batráquio, mesmo rouco,
Uma vida que corra assim-assim.

PASADO, PRESENTE, FUTURO

Yo fui. Pero lo que fui no me recuerda:
Mil capas de polvo ocultan, velos,
Estos cuarenta rostros desiguales,
Marcados por el tiempo y los macareos.

Yo soy. Pero lo que soy es tan poco:
Rana huida del charco, que saltó,
Y en el salto que dio, cuanto podía,
El aire de otro mundo la reventó.

Falta ver, si es que falta, qué seré:
Un rostro recompuesto antes del fin,
Un canto de batracio, aunque ronco,
Una vida que corra así-así.

PASSEIO

Nas paisagens de fora me distraio
Dos paredões que dentro se dispõem
Em caves, labirinto e ratoeira.
Sob o liberto céu deslumbro e caio,
De verde e sol as aves me compõem
Numa pedra de luz esta poeira.

PASEO

El paisaje de afuera me distrae
Del paredón que dentro se dispone
En cuevas, laberinto y ratonera.
Bajo el cielo libre me deslumbro y caigo,
De verde y sol las aves me componen
En una piedra de luz la polvareda.

PSICANÁLISE

Em cada homem, dez, ou mais ainda;
Em cada homem, nove disfarçados,
E todos nove, na voz, amordaçados,
Do homem que convém palco e berlinda.

Uma porta da cave afcrrolhada
A malícia do sono desmantela:
Fugidos do segredo e da cancela,
Mostram os nove o dez igual a nada.

Depois de bem torcido e recalcado,
Sacode o dez a pele e os direitos,
Disfarçando, subtil, rugas e jeitos,
Do que foi o seu corpo analisado.

Velhaca mascarada, ou sem sentido
De sombras a fingir de corpos vivos,
Cicatrizes tapadas de adesivos,
O falso dez, o zero, o um perdido.

PSICOANÁLISIS

En cada hombre, diez, o más aún;
En cada hombre, nueve enmascarados,
Y todos los nueve, en voz, amordazados,
Del hombre que conviene palco y berlinda.

Una puerta de sótano acerrojada
La malicia del sueño desmantela:
Huidos del secreto y la cancela,
Muestran los nueve el diez igual a nada.

Después de bien torcido y recalcado,
Sacude el diez la piel y los derechos,
Disfrazando, sutil, arrugas, modos,
Del que fue su cuerpo analizado.

Mezquina mascarada, o sinsentido
De sombras fingiendo cuerpos vivos,
Cicatrices cubiertas de adhesivos,
El falso diez, el cero, el uno perdido.

MAIS PSICANÁLISE

Tirada a pedra, a luz do dia mostra
O côncavo de terra que a mantinha:
A cegueira dos vermes, branca de sol,
Contrai-se devagar, acende, queima
Frios cristais de neve, revelações.

MÁS PSICOANÁLISIS

Retirada la piedra, la luz del día muestra
La concavidad de tierra que la mantenía:
La ceguera de los gusanos, blanca de sol,
Se contrae despacio, enciende, quema
Fríos cristales de nieve, revelaciones.

«NÃO DIREMOS MORTAIS PALAVRAS»

Não diremos mortais palavras, sons
Molhados de saliva mastigada
Na dobagem dos dentes e da língua.
Coadas entre os lábios, as palavras
São as sombras confusas, agitadas,
Do vertical silêncio que se expande.

«NO DIREMOS MORTALES PALABRAS»

No diremos mortales palabras, sonidos
Mojados de saliva masticada
Que entre dientes y lengua se devanan.
Filtradas entre los labios, las palabras
Son las sombras confusas, agitadas,
Del vertical silencio que se expande.

POEMA SECO

Quero escusado e seco este poema,
Breve estalar de caule remordido
Ou ranger de sobrado onde não danço.
Quero passar além com olhos baixos,
Amassados de mágoa e de silêncio,
Porque tudo está dito e já me canso.

POEMA SECO

Quiero excusado y seco este poema,
Breve estallar de tallo remordido
O crujir de suelo donde no danzo.
Quiero ir más allá con ojos bajos,
Amasados de pena y de silencio,
Porque todo está dicho y ya me canso.

DO COMO E DO QUANDO

E quando não se calam os protestos
Do sangue comprimido nas artérias?
E quando sobre a mesa ficam restos,
Dentaduras postiças e misérias?

E quando os animais tremem de frio,
Olhando a sombra nova de castrados?
E quando num deserto de arrepio
Jogamos contra nós cartas e dados?

E quando nos cansamos de perguntas,
E respostas não temos, nem gritando?
E quando às esperanças aqui juntas
Não sabemos dizer como nem quando?

DEL CÓMO Y DEL CUÁNDO

¿Y cuándo no se callan las protestas
De la sangre comprimida en las arterias?
¿Y cuándo en la mesa quedan restos,
Dentaduras postizas y miserias?

¿Y cuándo los animales tiemblan de frío,
Mirando la sombra nueva de castrados?
¿Y cuándo en un desierto de escalofrío
En nuestra contra jugamos cartas y dados?

¿Y cuándo nos cansamos de preguntas,
Y respuestas no tenemos, ni gritando?
¿Y cuándo a las esperanzas aquí juntas
No sabemos decir cómo ni cuándo?

FÁBULA DO GRIFO

Ao mandador dos ecos lanço gritos
De grifo abandonado entre humanos:
Ecos não a distância me devolve,
Mas pedaços de voz e de rangido.

Cada cristal no chão, a luz resolve,
Como olho de insecto refulgido
Em mil sombras, a sombra já sem gritos
De grifo abandonado entre humanos.

FÁBULA DEL GRIFO

Al que envía los ecos lanzo gritos
De grifo abandonado entre humanos:
Ecos no la distancia me devuelve,
Sino trozos de voz y de crujidos.

Cada cristal en el suelo, la luz resuelve,
Como un ojo de insecto que refulge
En mil sombras, la sombra ya sin gritos
De grifo abandonado entre humanos.

MEIAS-SOLAS

Bem sei que as meias-solas que deitei
Nas botas aprazadas não resistem
À calçada do tempo que discorro.

Talvez parado as botas me durassem,
Mas quieto quem pode, mesmo vendo
Que é desta caminhada que me morro.

MEDIAS SUELAS

Bien sé que las medias suelas que le eché
A las botas ajustadas no resisten
Calzada del tiempo que recorro.

Quizá parado las botas me durasen,
Pero quieto quién puede, aun viendo
Que es por esta caminada por lo que muero.

UM ZUMBIDO, APENAS

Cai a mosca na teia. As finas patas
Da aranha recolhida se distendem,
E nos palpos gulosos, entre os fios,
O zumbido enrouquece, e pára, cerce.

O que viveu, morreu. Abandonado
Ao balouço do vento, o corpo seco
Bate a conta do tempo que me rola
Num casulo de estrelas sufocado.

TAN SÓLO UN ZUMBIDO

Cae la mosca en la tela. Las finas patas
De la araña recogida se estiran,
Y en sus antenas golosas, entre hilos,
El zumbido enronquece, y se para, súbito.

Lo que vivió ha muerto. Abandonado
Al balanceo del viento, el cuerpo seco
Cuenta la cuenta del tiempo que me arrastra
En un capullo de estrellas sofocado.

CICLO

Abre o caruncho a rede, o labirinto
De escuras galerias que enfraquecem
A rijeza do cerne resinoso.

Toda a madeira passa nas mandíbulas
Dos insectos roazes, se converte
Em dejectos de pó, remastigados.

Tronco vivo que foi, agora morto,
Tornará o barrote à insondável
Matriz de que outra árvore se alimenta.

CICLO

La carcoma abre la red, el laberinto
De oscuras galerías que consumen
La dureza del tronco resinoso.

Toda la madera pasa en las mandíbulas
De los insectos roedores, se convierte
En desechos de polvo, otra vez masticados.

Tronco vivo que fue, ahora muerto,
Volverá el barrote a la insondable
Matriz de que otro árbol se alimenta.

CIRCO

Poeta não é gente, é bicho coiso
Que da jaula ou gaiola vadiou
E anda pelo mundo às cambalhotas
Recordadas do circo que inventou.

Estende no chão a capa que o destapa,
Faz do peito tambor, e rufa, salta,
É urso bailarino, mono sábio,
Ave torta de bico e pernalta.

Ao fim toca a charanga do poema,
Caixa, fagote, notas arranhadas,
E porque bicho é, bicho lá fica,
A cantar às estrelas apagadas.

CIRCO

Poeta no es nadie, es sólo un bicho
Que de la jaula o la prisión se escapó
Y anda por el mundo a volteretas,
Recordadas del circo que inventó.

Echa al suelo la capa que lo cubre,
Hace del pecho tambor, redobla y salta,
Es oso bailarín, es mono sabio,
Ave tuerta de pico y zanquilarga.

Toca al fin la charanga del poema,
Timbales y fagot, notas rascadas,
Y porque es bicho, bicho se queda,
Cantando a las estrellas apagadas.

OBSTINAÇÃO

Diante desta pedra me concentro:
Nascerá uma luz se o meu querer,
De si mesmo puxado, resolver
O dilema de estar aqui ou dentro.

OBSTINACIÓN

Ante esta piedra me concentro:
Nacerá una luz si mi querer,
Tirando de sí mismo, decidiera
El dilema de estar aquí o dentro.

«HÁ-DE HAVER»

Há-de haver uma cor por descobrir,
Um juntar de palavras escondido,
Há-de haver uma chave para abrir
A porta deste muro desmedido.

Há-de haver uma ilha mais ao sul,
Uma corda mais tensa e ressoante,
Outro mar que nade noutro azul,
Outra altura de voz que melhor cante.

Poesia tardia que não chegas
A dizer nem metade do que sabes:
Não calas, quando podes, nem renegas
Este corpo de acaso em que não cabes.

«HA DE HABER»

Ha de haber un color por descubrir,
Un juntar de palabras escondido,
Ha de haber una llave para abrir
La puerta de este muro desmedido.

Ha de haber una isla más al sur,
Una cuerda más tensa y resonante,
Otro mar que nade en otro azul,
Otra altura de voz que mejor cante.

Poesía tardía que no llegas
A decir la mitad de lo que sabes:
No callas, cuando puedes, ni reniegas
De este cuerpo casual en que no cabes.

SALA DE BAILE

Cubo de luz vermelha onde se agitam,
O corpo não, o vulto recortado,
A cadência tenaz que rasa e foge,
A imprecisa linha dos instintos.

Um pouco mais de som ou de alegria,
A ameaça da morte ou da esperança
Como vento salgado em ferida exposta:
Seria o vulto corpo, o corpo dança.

SALA DE BAILE

Cubo de luz roja donde se agitan,
El cuerpo no, el bulto recortado,
La cadencia tenaz que rasa y huye,
La imprecisa línea de los instintos.

Algo más de sonido o de alegría,
La amenaza de muerte o de esperanza
Como viento salado en herida expuesta:
Sería el bulto cuerpo, el cuerpo danza.

OCEANOGRAFIA

Volto as costas ao mar que já entendo,
À minha humanidade me regresso,
E quanto há no mar eu surpreendo
Na pequenez que sou e reconheço.

De naufrágios sei mais que sabe o mar,
Dos abismos que sondo, volto exangue,
E para que de mim nada o separe,
Anda um corpo afogado no meu sangue.

OCEANOGRAFÍA

Vuelvo la espalda al mar que ya entiendo,
A mi humanidad me devuelvo,
Y cuanto hay en el mar yo me sorprendo
En la pequeñez que soy y reconozco.

De naufragios sé más que sabe el mar,
De abismos que sondeo, vuelvo exangüe,
Y para que de mí nada lo separe,
Anda un cuerpo ahogado en mi sangre.

HIBERNAÇÃO

No regaço do tempo me conchego:
Passam e passam os dias em modorra
E bolor, que os gestos entorpece.

Não há nesta dormência outro sossego
Que estar ciente o corpo da desforra,
Se a hora prometida lhe amanhece.

HIBERNACIÓN

En el regazo del tiempo me acurruco:
Pasan y pasan los días en modorra
Y moho, que los gestos entorpece.

No hay en esta somnolencia otro sosiego
Que ser consciente el cuerpo de sí mismo,
Si la hora prometida le amanece.

«AS PALAVRAS SÃO NOVAS»

As palavras são novas: nascem quando
No ar as projectamos em cristais
De macias ou duras ressonâncias

Somos iguais aos deuses, inventando
Na solidão do mundo estes sinais
Como pontes que arcam as distâncias.

«LAS PALABRAS SON NUEVAS»

Las palabras son nuevas: nacen cuando
Al aire las lanzamos en cristales
De suaves o duras resonancias.

Iguales a los dioses, inventando
En la soledad del mundo estas señales
Como puentes que ciñen las distancias.

QUESTÃO DE PALAVRAS

Ponho palavras mortas no papel,
Tal os selos lambidos doutras línguas
Ou insectos varados de surpresa
Pelo rigor impessoal dos alfinetes.

De palavras assim arrematadas
Encho palcos de pasmo e de bocejo:
Entre as portas me mostro, agaloado,
A passar flores secas por bilhetes.

Quem pudera saber de que maneira
As palavras são rosas na roseira.

CUESTIÓN DE PALABRAS

Pongo sobre el papel palabras muertas
Como sellos lamidos de otras lenguas
O insectos atrapados por sorpresa
En el rigor impersonal del alfiler.

De palabras sacadas a subasta
Lleno escenarios de pasmo y de bostezo:
En las puertas me muestro, engalonado,
Pasando flores secas por entradas.

Quién pudiera saber de qué manera
Las palabras son rosas en el rosal.

PEQUENO COSMOS

Ah, rosas, não, nem frutos, nem rebentos.
Horta e jardim sobejam nestes versos
De consonâncias velhas e bordões.

Navegante dum espaço que rodeio
(Noutra hora diria que infinito),
É por fome de frutos e de rosas
Que a frouxidão da pele ao osso chega.

Assim árido, e leve, me transformo:
Matéria combustível na caldeira
Que as estrelas ateiam onde passo.

Talvez, enfim, o aço apure e faça
Do espelho em que me veja e redefina.

PEQUEÑO COSMOS

Ah rosas, no, ni frutos, ni tallos nuevos.
Huerta y jardín sobran en estos versos
De consonancias viejas y bordones.

Navegante de un espacio que rodeo
(En otra hora diría que infinito),
Es por hambre de frutos y de rosas
Que la flojedad de la piel al hueso llega.

Así árido, y leve, me transformo:
Materia combustible en la caldera
Que las estrellas avivan donde paso.

Tal vez, en fin, el acero limpie y haga
Del espejo en que me vea y redefina.

«DE MIM À ESTRELA»

De mim à estrela um passo me separa:
Lumes da mesma luz que dispersou
Na casual explosão do nascimento,
Entre a noite que foi e há-de ser,
A glória solar do pensamento.

«DE MÍ A LA ESTRELLA»

De mí a la estrella un paso me separa:
Lumbres de la misma luz que esparció,
En la explosión casual del nacimiento,
Entre la noche que fue y ha de ser,
La gloria solar del pensamiento.

RETRATO DO POETA QUANDO JOVEM

Há na memória um rio onde navegam
Os barcos da infância, em arcadas
De ramos inquietos que despregam
Sobre as águas as folhas recurvadas.

Há um bater de remos compassado
No silêncio da lisa madrugada,
Ondas brandas se afastam para o lado
Com o rumor da seda amarrotada.

Há um nascer do sol no sítio exacto,
À hora que mais conta duma vida,
Um acordar dos olhos e do tacto,
Um ansiar de sede inextinguida.

Há um retrato de água e de quebranto
Que do fundo rompeu desta memória,
E tudo quanto é rio abre no canto
Que conta do retrato a velha história.

RETRATO DEL POETA CUANDO JOVEN

Hay en la memoria un río donde navegan
Los barcos de la infancia, en arcadas
De ramas inquietas que despliegan
Sobre las aguas las hojas combadas.

Hay un batir de remos compasado
En el silencio de la lisa madrugada,
Ondas blandas se apartan hacia un lado
Con un rumor de sedas arrugadas.

Hay un nacer del sol en el sitio exacto,
A la hora que más cuenta de una vida,
Un despertar de ojos y del tacto,
Un ansiar de sed inextinguida.

Hay un retrato de agua y de quebranto
Que del fondo rompió de esta memoria,
Y todo cuanto es río se abre en el canto
Que cuenta del retrato la vieja historia.

O TANQUE

Secou a fonte, ou mais distante rega,
Não tem água o tanque abandonado.
Vida que houve aqui, hoje se nega:
Só a taça de pedra se reflecte
Na memória oscilante do passado.

EL ESTANQUE

Se ha secado la fuente, o más lejano riega,
No tiene agua el estanque abandonado.
Vida que hubo aquí, hoy se niega:
Sólo la taza de piedra se refleja
En la memoria oscilante del pasado.

SCIENCE-FICTION I

Talvez o nosso mundo se convexe
Na matriz positiva doutra esfera.

Talvez no interspaço que medeia
Se permutem secretas migrações.

Talvez a cotovia, quando sobe,
Outros ninhos procure, ou outro sol.

Talvez a cerva branca do meu sonho
Do côncavo rebanho se perdesse.

Talvez do eco dum distante canto
Nascesse a poesia que fazemos.

Talvez só amor seja o que temos,
Talvez a nossa coroa, o nosso manto.

SCIENCE-FICTION I

Quizá nuestro mundo se convexe
En la matriz positiva de otra esfera.

Quizá en el interespacio que media
Se permuten secretas migraciones.

Quizá la alondra, cuando suba,
Otros nidos busque, u otro sol.

Quizá la cierva blanca de mi sueño
Del cóncavo rebaño se perdiese.

Quizá del eco de un lejano canto
Naciese la poesía que hacemos.

Quizá sólo amor sea lo que tenemos,
Quizá nuestra corona, nuestro manto.

SCIENCE-FICTION II

Não há praias nesta vida
Nem horizontes abertos:
Há dois muros apertados,
De noite e dia cobertos.

Há sombras e vagalumes
Que nos fazem companhia:
São as nossas ilusões,
Ai de quem nelas se fia.

Porque os cacos de garrafa
De que os muros são forrados,
Quando corremos por elos,
Nos deixam mal retalhados.

Que estará do outro lado
Dos muros que nos limitam?
Quem sabe se, doutra gente,
Olhos agudos nos fitam?

Um passo após outro passo,
Somamos dias e anos.
Serão as praias lá fora
A vida dos marcianos?

SCIENCE-FICTION II

No hay playas en esta vida
Ni horizontes abiertos:
Hay dos muros apretados,
De noche y día cubiertos.

Hay sombras y luciérnagas
Que nos hacen compañía:
Son nuestras ilusiones,
Ay de quien de ellas se fía.

Porque los trozos de botella
Con que se forran los muros,
Cuando corremos por ellos,
Nos dejan mal retajados.

¿Qué habrá del otro lado
De los muros que nos limitan?
¿Quién sabe si, de otra gente,
Ojos agudos nos miran?

Un paso tras otro paso,
Sumamos días y años.
¿Serán las playas ahí fuera
La vida de los marcianos?

CARTA DE JOSÉ A JOSÉ

Eu te digo, José: por esta carta
Não garanto mentira nem verdade:
O que de mim não sei sempre me aparta
Da franqueza de ser e da vontade.

São cobiças inúteis, vãos desgostos,
São braços levantados e caídos,
São rugas que cortam os cem rostos
Da comédia e do jogo repetidos.

Desse lado da mesa, ou desse espelho,
Vais seguindo as palavras invertidas:
Assim verás melhor se, quanto, valho
Ao revés dos sinais e das medidas.

(Correm águas geladas no meu rio.
E roucos cantos de aves, derivando
Por silêncio frustrado e calafrio,
Vão manhã doutro dia recordando.)

Cai a chuva do céu, e não te molha,
Está a noite entre nós, e não te cega.
Não sorrias, José: à tua escolha
O que nos sobra de alma se me nega.

CARTA DE JOSÉ A JOSÉ

Yo te digo, José: con esta carta
No garantizo engaño ni verdad:
Lo que de mí no sé siempre me impide
La franqueza de ser, la voluntad.

Son codicias inútiles, vanos disgustos,
Son brazos levantados y caídos,
Son arrugas que cortan los cien rostros
Del juego y la comedia repetidos.

Desde ese lado de la mesa o desde ese espejo,
Vas siguiendo las palabras invertidas:
Así verás mejor si valgo y cuánto
En el revés de los signos y medidas.

(Corren aguas heladas en mi río.
Y roncos cantos de aves, resbalando
Por silencio frustrado y escalofrío,
Van de otro día el alba recordando.)

Cae la lluvia del cielo, y no te moja,
Está la noche entre nosotros, y no te ciega.
No sonrías, José: a tu elección
Lo que nos sobra de alma se me niega.

Desse lado da mesa, onde me acusas,
Te levantas. A marca do teu pé,
Na soleira da porta que recusas,
Fecha de vez a carta inacabada.

Tua sombra pisada, teu amigo —José.

Desde ese lado de la mesa, donde me acusas,
Te levantas. La huella de tu pie,
En el umbral de la puerta que reniegas,
Cierra por fin la carta inacabada.

Tu sombra pisada, tu amigo —José.

ANIVERSÁRIO

Pai, que não conheci (pois conhecer não é
Este engano de dias paralelos,
Este tocar de corpos distraídos,
Estas palavras vagas que disfarçam
O intransponível muro):
Já nada me dirás, e eu não pergunto.
Olho, calado, a sombra que chamei
E aceito o futuro.

ANIVERSARIO

Padre, que no conocí (pues conocer no es
Este engaño de días paralelos,
Este tocar de cuerpos distraídos,
Estas palabras vagas que disfrazan
El muro infranqueable):
Ya nada me dirás, y no pregunto.
Miro en silencio la sombra invocada
Y acepto el futuro.

TESTAMENTO ROMÂNTICO

A versos eu, convoco quantas vozes
Em gargantas humanas já passaram
Desde o grito, primeiro articulado.

Quando a voz pessoal se vai calar,
Tome lugar o coro no vazio
Da ausência do homem, assinado.

TESTAMENTO ROMÁNTICO

A versos yo convoco cuantas voces
En gargantas humanas ya pasaron
Desde el grito, primero articulado.

Cuando la voz personal se va a callar,
Tome lugar el coro en el vacío
De la ausencia del hombre, aquí firmado.

PREMONIÇÃO

Morto, absorto e lasso no regaço,
Um rastro de sombra de mastro
Ou gume de quilha que tomba traverso
Da ilha: reverso do lume, da tersa
Coluna rompente do ventre, laguna
Salobra que sobra do mar, ou culebra
Cortada segundo o buraco, ou boca de saco
Ao fundo juntada. Ou letra riscada.
Absorto e lasso e morto no regaço,
Ponho a sombra do mastro ou o seu rastro
Ao comprido do corpo e do cansaço.

PREMONICIÓN

Muerto, absorto y exhausto en el regazo,
Un rastro de sombra de mástil
O filo de quilla que cae atravesado
De la isla: reverso de la luz, de la tersa
Columna que rompe del vientre, laguna
Salobre que sobra del mar, o culebra
Cortada según el agujero, o boca de saco
Atada en el fondo. O letra trazada.
Absorto y exhausto y muerto en el regazo,
Pongo la sombra del mástil o su rastro
A lo largo del cuerpo y del cansancio.

POEMA A BOCA CERRADA

POEMA A BOCA FECHADA

POEMA A BOCA FECHADA

Não direi:
Que o silêncio me sufoca e amordaça.
Calado estou, calado ficarei,
Pois que a língua que falo é doutra raça.

Palavras consumidas se acumulam,
Se represam, cisterna de águas mortas,
Ácidas mágoas em limos transformadas,
Vasa de fundo em que há raízes tortas.

Não direi:
Que nem sequer o esforço de as dizer merecem,
Palavras que não digam quanto sei
Neste retiro em que me não conhecem.

Nem só lodos se arrastam, nem só lamas,
Nem só animais boiam, mortos, medos,
Túrgidos frutos em cachos se entrelaçam
No negro poço de onde sobem dedos.

Só direi,
Crispadamente recolhido e mudo,
Que quem se cala quanto me calei
Não poderá morrer sem dizer tudo.

POEMA A BOCA CERRADA

No diré:
Que el silencio me ahoga y amordaza.
Callado estoy, callado he de quedarme,
Que la lengua que hablo es de otra raza.

Palabras consumidas se acumulan,
Se estancan, aljibe de aguas muertas,
Agrias penas en limos transformadas,
Raíces retorcidas en el fango del fondo.

No diré:
Que ni siquiera el esfuerzo de decirlas merecen,
Palabras que no digan cuanto sé
En este retiro en que no me conocen.

No sólo barros se arrastran, no sólo lamas,
No sólo animales flotan, muertos, miedos,
Túrgidos frutos en racimos se entrelazan
En el oscuro pozo de donde suben dedos.

Sólo diré,
Crispadamente recogido y mudo,
Que quien se calla cuanto me callé
No se podrá morir sin decir todo.

OS INQUIRIDORES

Está o mundo coberto de piolhos:
Não há palmo de terra onde não suguem,
Não há segredo de alma que não espreitem
Nem sonho que não mordam e pervertam.

Nos seus lombos peludos se divertem
Todas as cores que, neles, são ameaças:
Há-os castanhos, verdes, amarelos,
Há-os negros, vermelhos e cinzentos.

E todos se encarniçam, comem todos,
Concertados, vorazes, no seu tento
De deixar, como restos de banquete,
No deserto da terra ossos esburgados.

LOS INQUIRIDORES

El mundo está cubierto de piojos:
No hay palmo de tierra del que no chupen,
Ni secreto de alma que no acechen
Ni sueño que no muerdan ni perviertan.

En sus lomos peludos se divierten,
Siendo amenazas, todos los colores:
Los hay castaños, verdes, amarillos,
Los hay negros, rojos y grisáceos.

Y todos se encarnizan, comen todos,
Acordes y voraces en su intento
De dejar, como restos de banquete,
En el erial terrestre huesos mondos.

MÃOS LIMPAS

Do gesto de matar a ambas mãos
O jcito de amassar não é diferente
(Que bom este progresso, que descanso:
O botão da direita dá o pão,
Com o botão da esquerda, facilmente,
Disparo, sem olhar, o foguetão,
E o inimigo alcanço).

MANOS LIMPIAS

Del gesto de matar con ambas manos
El modo de amasar no es diferente
(Qué bueno este progreso, qué descanso:
El botón de la derecha da el pan,
Con el botón de la izquierda, fácilmente,
Disparo, sin mirar, la bomba voladora,
Y al enemigo alcanzo).

SALMO 136

Nem por abandonadas se calavam
As harpas dos salgueiros penduradas.
Se os dedos dos hebreus as não tocavam,
O vento de Sião, nas cordas tensas,
A música da memória repetia.
Mas nesta Babilónia em que vivemos,
Na lembrança Sião e no futuro,
Até o vento calou a melodia.
Tão rasos consentimentos nos pusessem,
Mais do que os corpos, as almas e as vontades,
Que nem sentimos já o ferro duro,
Se do que fomos deixaram as vaidades.

Têm os povos as músicas que merecem.

SALMO 136

Ni por abandonadas se callaban
Las harpas de los sauces suspendidas.
Si los dedos de los hebreos no las tocaban,
En las cuerdas tensas el viento de Sión
La música de la memoria repetía.
Mas en la Babilonia en que vivimos,
Sión en el recuerdo y el futuro,
Hasta el viento calló la melodía.
Tanto nos dejamos arrasar,
Más que el cuerpo, el alma y el deseo,
Que ni sentimos ya el hierro duro,
Si nos dejaron la vanidad de lo que fuimos.

Tienen los pueblos las músicas que merecen.

OUVINDO BEETHOVEN

Venham leis e homens de balanças,
Mandamentos daquém e dalém mundo,
Venham ordens, decretos e vinganças,
Desça o juiz em nós até ao fundo.

Nos cruzamentos todos da cidade,
Brilhe, vermelha, a luz inquisidora,
Risquem no chão os dentes da vaidade
E mandem que os lavemos a vassoura.

A quantas mãos existam, peçam dedos
Para sujar nas fichas dos arquivos,
Não respeitem mistérios nem segredos,
Que é natural nos homens serem esquivos.

Ponham livros de ponto em toda a parte,
Relógios a marcar a hora exacta,
Não aceitem nem votem outra arte
Que a prosa de registo, o verso data.

Mas quando nos julgàrem bem seguros,
Cercados de bastões e fortalezas,
Hão-de cair em estrondo os altos muros
E chegará o dia das surpresas.

OYENDO A BEETHOVEN

Vengan leyes y hombres de justicia,
Mandamientos de acá y de allá del mundo,
Vengan órdenes, decretos y venganzas,
Baje el juez en nosotros hasta el fondo.

En todos los cruces de la ciudad
Brille, roja, la luz inquisidora,
Rayen en el suelo los dientes de la vanidad
Y manden lavárnoslos con cepillo.

A cuantas manos existan, pidan dedos
Para ensuciar las fichas de los archivos,
No respeten misterios ni secretos,
Lo natural en el hombre es ser esquivo.

Pongan libros de entrada en todas partes,
Relojes que marquen la hora exacta,
No acepten ni voten otra arte
Que la prosa de registro, el verso fecha.

Mas cuando nos supongan bien seguros,
Rodeados de insignias y fortalezas,
Caerán en estruendo los altos muros
Y llegará el día de las sorpresas.

DEMISSÃO

Este mundo não presta, venha outro.
Já por tempo de mais aqui andamos
A fingir de razões suficientes.
Sejamos cães do cão: sabemos tudo
De morder os mais fracos, se mandamos,
E de lamber as mãos, se dependentes.

DIMISIÓN

Este mundo no sirve, que venga otro.
Ya hace mucho que andamos por aquí
A fingir de razones suficientes.
Seamos perros del perro: que bien sabemos
Morder a los más débiles, si mandamos,
Y lamer manos, si de otros dependemos.

FRATERNIDADE

A qual de nós engano quando irmão
Nestes versos te chamo?
Não são irmãs as folhas que do chão
Olham outras no ramo.
Melhor é aceitar a solidão,
Viver iradamente como o cão
Que remorde o açamo.

FRATERNIDAD

¿A quién de entre nosotros engaño cuando hermano
Te llamo en estos versos?
No son hermanas las hojas que desde el suelo
Miran las otras hojas en las ramas.
Mejor es aceptar la soledad,
Vivir airadamente como el perro
Que se muerde el bozal.

FALA DO VELHO DO RESTELO
AO ASTRONAUTA

Aqui, na Terra, a fome continua.
A miséria, o luto, e outra vez a fome.

Acendemos cigarros em fogos de napalme
E dizemos amor sem saber o que seja.
Mas fizemos de ti a prova da riqueza,
E também da pobreza, e da fome outra vez.
E pusemos em ti sei lá bem que desejo
De mais alto que nós, e melhor e mais puro.

No jornal, de olhos tensos, soletramos
As vertigens do espaço e maravilhas:
Oceanos salgados que circundam
Ilhas mortas de sede, onde não chove.

Mas o mundo, astronauta, é boa mesa
Onde come, brincando, só a fome,
Só a fome, astronauta, só a fome,
E são brinquedos as bombas de napalme.

HABLA DEL VIEJO DE RESTELO
AL ASTRONAUTA

Aquí, en la Tierra, el hambre continúa.
La miseria, el luto, y otra vez el hambre.

Encendemos cigarros con fuegos de napal
Y decimos amor sin saber lo que sea.
Pero hemos hecho de ti la prueba de la riqueza.
Y también de la pobreza, y del hambre otra vez.
Y pusimos en ti qué sé yo qué deseo
Más alto que nosotros, y mejor y más puro.

En el periódico, con ojos tensos, deletreamos
Los vértigos del espacio y maravillas:
Océanos salados que rodean
Islas muertas de sed, donde no llueve.

Pero el mundo, astronauta, es buena mesa
Donde come, jugando, sólo el hambre,
Sólo el hambre, astronauta, sólo el hambre,
Y son juguetes las bombas de napal.

MITOLOGÍA

MITOLOGIA

MITOLOGIA

Os deuses, noutros tempos, eram nossos
Porque entre nós amavam. Afrodite
Ao pastor se entregava sob os ramos
Que os ciúmes de Hefesto iludiam.

Da plumagem do cisne as mãos de Leda,
O seu peito mortal, o seu regaço,
A semente de Zeus, dóceis, colhiam.

Entre o céu e a terra, presidindo
Aos amores de humanos e divinos,
O sorriso de Apolo refulgia.

Quando castos os deuses se tornaram,
O grande Pã morreu, e órfãos dele,
Os homens não souberam e pecaram.

MITOLOGÍA

Los dioses, otrora, eran nuestros
Porque entre nosotros amaban. Afrodita
Al pastor se entregaba bajo las ramas
Que los celos de Hefesto engañaban.

Del plumaje del cisne las manos de Leda,
Su pecho mortal, su regazo,
La semilla de Zeus, dóciles, cogían.

Entre el cielo y la tierra, presidiendo
Los amores de humanos y divinos,
La sonrisa de Apolo refulgía.

Cuando castos los dioses se volvieron,
El gran Pan murió, y huérfanos suyos,
Los hombres no supieron y pecaron.

NATAL

Nem aqui, nem agora. Vã promessa
Doutro calor e nova descoberta
Se desfaz sob a hora que anoitece.
Brilham lumes no céu? Sempre brilharam.
Dessa velha ilusão desenganemos:
É dia de Natal. Nada acontece.

NAVIDAD

Ni aquí, ni ahora. Vana promesa
De otro calor y nuevo descubrimiento
Se deshace bajo la hora que anochece.
¿Brillan luces en el cielo? Siempre brillaron.
De esa vieja ilusión desengañémonos:
Es día de Navidad. No pasa nada.

APRENDAMOS O RITO

Põe na mesa a toalha adamascada,
Traz as rosas mais frescas do jardim,
Deita o vinho no copo, corta o pão,
Com a faca de prata e de marfim.

Alguém se veio sentar à tua mesa,
Alguém a quem não vês, mas que pressentes.
Cruza as mãos no regaço, não perguntes:
Nas perguntas que fazes é que mentes.

Prova depois o vinho, come o pão,
Rasga a palma da mão no caule agudo,
Leva as rosas à fronte, cobre os olhos,
Cumpriste o ritual e sabes tudo.

APRENDAMOS EL RITO

Pon en la mesa el mantel adamascado,
Trae las rosas más frescas del jardín,
Echa vino en la copa, corta el pan,
Con el cuchillo de plata y de marfil.

Alguien ha venido a sentarse a tu mesa,
Alguien a quien no ves pero presientes.
Cruza las manos en el regazo, no preguntes:
En las preguntas que haces es donde mientes.

Prueba después el vino, come el pan,
Rasga la palma de tu mano con el tallo agudo,
Lleva las rosas a tu frente, cubre los ojos,
Cumpliste el ritual, lo sabes todo.

CRIAÇÃO

Deus não existe ainda, nem sei quando
Sequer o esboço, a cor se afirmará
No desenho confuso da passagem
De gerações inúmeras nesta esfera.

Nenhum gesto se perde, nenhum traço,
Que o sentido da vida é este só:
Fazer da Terra um Deus que nos mereça,
E dar ao Universo o Deus que espera.

CREACIÓN

Aún no existe Dios, y no sé cuándo
El esbozo siquiera, el color se afirmará
En el dibujo confuso del pasaje
De incontables generaciones por esta esfera.

Ningún gesto se pierde, ningún trazo,
Que el sentido de la vida es sólo éste:
Hacer de la Tierra un Dios que nos merezca,
Y dar al Universo el Dios que espera.

QUANDO OS HOMENS MORREREM

Sinal de Deus não foi, que Deus não há
(Ou se há, vive longe e nos engana),
Mas a gaivota que sobre mim voou,
E o grito que lançou,
Foi um sinal de vida não humana.
Recordação seria doutras eras
Em que homem não ainda,
Só promessa?
Ou presságio seria?

CUANDO LOS HOMBRES MUERAN

Señal de Dios no fue, que Dios no existe
(O si existe, vive lejos y nos engaña),
Pero la gaviota que me sobrevoló,
Y el grito que lanzó,
Fue una señal de vida no humana.
¿Recuerdo sería de otras eras
Sin hombre todavía,
Sólo promesa?
¿O presagio sería?

AOS DEUSES SEM FIÉIS

Talvez a hora escura, a chuva lenta,
Ou esta solidão inconformada.

Talvez porque a vontade se recolha
Neste findar de tarde sem remédio.

Finjo no chão as marcas dos joelhos
E desenho o meu vulto em penitente.

Aos deuses sem fiéis invoco e rezo,
E pergunto a que venho e o que sou.

Ouvem-me calados os deuses e prudentes,
Sem um gesto de paz ou de recusa.

Entre as mãos vagarosas vão passando
A joeira do tempo irrecusável.

Um sorriso, por fim, passa furtivo
Nos seus rostos de fumo e de poeira.

Entre os lábios ressecos brilham dentes
De rilhar carne humana desgastados.

A LOS DIOSES SIN FIELES

Quizá la lluvia lenta, la hora oscura,
O esta soledad no resignada.

Quizá la voluntad que se recoge
En la tarde que cae sin remedio.

Finjo en el suelo marcadas las rodillas,
Y mi imagen dibujo en penitencia.

A los dioses sin fieles invoco y rezo,
Y pregunto a qué vengo y lo que soy.

Prudentes y en silencio oyen los dioses,
Sin un gesto de paz o de rechazo.

Entre las manos lentas va pasando
La criba del tiempo irrecusable.

Una sonrisa, al fin, pasa furtiva
Por sus rostros de humo y polvo hechos.

En las bocas resecas brillan dientes
De roer carne humana desgastados.

Nada mais que o sorriso retribui
O corpo ajoelhado em que não estou.

Anoitece de todo, os deuses mordem,
Com seus dentes de névoa e de bolor,
A resposta que aos lábios não chegou.

Tan sólo la sonrisa recompensa
El cuerpo arrodillado en que no estoy.

Anochece por fin, los dioses muerden,
Con sus dientes de niebla y de verdín,
La respuesta que al labio no llegó.

«NÃO DAS ÁGUAS DO MAR»

Não das águas do mar, mas destas outras,
Dos lentos remoinhos, onde as folhas
Desprendidas e mortas se balouçam;
Do irisado gás gorgolejante,
Que o respirar do lodo vai soltando,
É que a vida dos homens se formou
De sombra e de mistério amalgamada.

Na vastidão do mar nasceram deuses:
Somos frutos da lama, água turvada.

«NO DEL AGUA DEL MAR»

No del agua del mar, sino de esta otra,
De lentos remolinos, donde las hojas
Desprendidas y muertas se balancean;
Del irisado gas burbujeante,
Que el respirar del lodo va soltando,
La vida de los hombres se ha formado
De sombra y de misterio amalgamada.

En la vastedad del mar nacieron dioses:
Somos frutos del cieno, agua turbia.

A UM CRISTO VELHO

Se podes quanto dizem, Cristo velho,
De caruncho mordido, desprezado,
Coberto de poeira que envenena
A negrura da chaga do teu lado,

Se podes quanto dizem, quem te crê
Ou te traz nessa crença maltratado,
Podes fazer agora o que não ousam
Os que fingem de amor e de sagrado:

Vem a ser esta missa doutra lei,
A comunhão de Cristo e do pecado,
Eis a fé do poeta que te encontra
No teu pasmo de deus desafiado.

A UN CRISTO VIEJO

Si puedes cuanto dicen, Cristo viejo,
De carcoma mordido, despreciado,
Cubierto de polvo que envenena
De negrura la llaga en tu costado,

Si puedes cuanto dicen, quien te cree
O en esa creencia te lleva maltratado,
Puedes hacer ahora lo que no osan
Los que fingen de amor y de sagrado.

Viene a ser esta misa de otra ley,
La comunión de Cristo y del pecado:
He aquí la fe del poeta que se enfrenta
A tu pasmo de dios desafiado.

JUDAS

Do pão, o corpo; o sangue, deste vinho;
Das misérias do homem, divindade:
Nada põem de si os deuses vãos.
Nesta mesa da terra se restauram,
Tudo lhes é sustento, comem tudo,
Que tudo lhes prolonga a duração.

Um corpo de enforcado é alimento,
Um baraço faz escada para os céus,
É trono uma figueira, é luz moedas:
Sem Judas, nem Jesus seria deus.

JUDAS

Del pan, el cuerpo; la sangre, de este vino;
De las miserias del hombre, divinidad:
Nada ponen de sí los dioses vanos.
En mesa de la tierra se reponen,
Todo les es sustento, comen todo,
Que todo prolonga su duración.

Un cuerpo de ahorcado es alimento,
Una soga es escalera hacia el cielo,
Es trono una higuera, es luz monedas:
Sin Judas, ni Jesús sería dios.

SÉ VELHA DE COIMBRA

Aqui, onde estas pedras marteladas
Em forma de esconjuro e alçapão,
De estátuas e colunas disfarçadas,
A luz me prometeram, com o pão;
Aqui, onde o silêncio mais profundo
Sob o passo do homem se tornou:
Nem primeiro aqui houve nem segundo,
Foi Deus chamado aqui e não falou.

CATEDRAL VIEJA DE COIMBRA

Aquí donde estas piedras martilleadas
En forma de conjuro y de trampilla,
De estatuas y columnas disfrazadas,
La luz me prometieron, con el pan.
Aquí, donde el silencio más profundo
Bajo el paso del hombre se tornó:
Ni primero aquí hubo ni segundo,
Fue Dios llamado aquí y no habló.

NAVE

Do granito do chão rompem colunas,
Harpa de pedra rude e natural
Entre a laje e o tecto retesada,
São os dorsos curvados como dunas,
Sob o vento calado e musical
Que varre a nave toda para o nada.

NAVE

Del granito del suelo rompen columnas,
Arpa de piedra ruda y natural
Entre la laja y el techo retesada,
Son los dorsos curvados como dunas,
Bajo el viento callado y musical
Que barre la nave entera hacia la nada.

«BARRO DIREIS QUE SOU»

Barro direis que sou, se tudo ao homem
Outras feições imprime quando o tempo
Se demora na face que retoca.
Mas, no barro resiste o gume frio
Onde sangra, desforra de mortal,
O polegar de Deus que me sufoca.

«BARRO DIRÉIS QUE SOY»

Barro diréis que soy, si todo al hombre
Otra fisonomía imprime cuando el tiempo
Se demora en el rostro que retoca.
Pero en el barro resiste el filo frío
Donde sangra, venganza de mortal,
El pulgar de Dios que me ahoga.

INVENÇÃO DE MARTE

Madrugadas de prata sobre campos
De nunca vistas ervas, onde o vento
Passa de largo e manso, num silêncio
De esmeraldas eternas. Movimento
De bailado ou de luz purificada,
Lentos canais de Marte que eu invento
Na minha humana fala condenada.

INVENCIÓN DE MARTE

Madrugadas de plata sobre campos
De nunca vistas hierbas, donde el viento
Pasa de largo y manso, en un silencio
De esmeraldas eternas. Movimiento
De danza o de luz purificada,
Lentos canales de Marte que me invento
En mi habla humana condenada.

«NÃO HÁ MAIS HORIZONTE»

Não há mais horizonte. Outro passo que desse,
Se o limite não fosse esta ruptura,
Era em falso que o dava:
Numa baça cortina indivisível
De espaço e duração.
Aqui se juntarão as paralelas,
E as parábolas em rectas se rebatem.
Não há mais horizonte. O silêncio responde.
É Deus que se enganou e o confessa.

«NO HAY MÁS HORIZONTE»

No hay más horizonte. Otro paso que diese,
Si el límite no fuese esta ruptura,
En falso lo daría:
En una empañada cortina indivisible
De espacio y duración.
Aquí se juntarán las paralelas,
Y las parábolas en rectas se rebaten.
No hay más horizonte. El silencio responde.
Es Dios quien se equivocó y lo confiesa.

EL AMOR DE LOS OTROS

O AMOR DOS OUTROS

ORGULHO DE D. JOÃO NO INFERNO

Bem sei que para sempre: onde caí
Não há perdão ou letra de resgate.
Mas fui, quando vivi, o sal da terra,
A flor azul, o cetro de escarlate.
Aqui, se condenado, não esqueci,
Nem morto estou sequer: torno a ser eu
No sangue da mulher que, acesa, pede
Aquele modo de amar que foi o meu.

ORGULLO DE DON JUAN EN EL INFIERNO

Bien sé que para siempre: donde caí
No hay perdón o letra de rescate.
Mas fui, cuando viví, la sal de la tierra,
La flor azul, el cetro de escarlata.
Aquí, aun condenado, no he olvidado,
Ni muerto estoy siquiera: vuelvo a ser yo
En la sangre de mujer que, ardiente, pide
Ese modo de amar que fue el mío.

LAMENTO DE D. JOÃO NO INFERNO

Das ameaças do céu me não temi
Quando da terra as leis desafiei:
O lugar dos castigos é aqui,
Do céu nada conheço, nada sei.
O cilício do Diabo não me cinge,
Nem a mercê de Deus aqui me segue:
A chama mais ardente é a que finge
Este cheiro de mulher que me persegue.

LAMENTO DE DON JUAN EN EL INFIERNO

Del cielo no temí las amenazas
Cuando de la tierra las leyes desafié:
El lugar de los castigos está aquí,
Del cielo nada conozco, nada sé.
El cilicio del Diablo no me ciñe,
Ni la merced de Dios aquí me sigue:
La llama más ardiente es la que finge
Este olor de mujer que me persigue.

SARCASMO DE D. JOÃO NO INFERNO

Contra mim, D. João, que pode o inferno,
Que pode o céu e todo o mais que houver?
Nem Deus nem o Diabo amaram nunca
Desse amor que junta homem a mulher:
De pura inveja premeiam ou castigam,
Acredite, no resto, quem quiser.

SARCASMO DE DON JUAN EN EL INFIERNO

¿Contra mí, Don Juan, qué puede el infierno,
Qué puede el cielo y todo cuanto hubiere?
Ni Dios ni el Diablo amaron nunca
Con ese amor que une hombre a mujer:
De pura envidia premian o castigan,
En lo demás, que crea quien quiera.

ATÉ A FIM DO MUNDO

É tempo já, Inês, o mundo acaba
Em que amor foi possível e urgente;
A promessa talhada nessa pedra,
Ou é cumprida hoje, ou tudo mente.

HASTA EL FIN DEL MUNDO

Ya es tiempo, Inés, el mundo acaba
En que el amor fue posible y urgente;
La promesa tallada en esa piedra,
O se cumple hoy, o todo miente.

DULCINEIA

Quem tu és não importa, nem conheces
O sonho em que nasceu a tua face:
Cristal vazio e mudo.
Do sangue de Quixote te alimentas,
Da alma que nele morre é que recebes
A força de seres tudo.

DULCINEA

Quién eres tú no importa, ni conoces
El sueño en que nació tu rostro:
Cristal vacío y mudo.
De la sangre de Quijote te alimentas,
Del alma que en él muere es que recibes
La fuerza de ser todo.

D. QUIXOTE

Não vejo Dulcineias, D. Quixote,
Nem gigantes, nem ilhas, nada existe
Do teu sonho de louco.
Só moinhos, mulheres e Baratárias,
Coisas reais que Sancho bem conhece
E para ti são pouco.

DON QUIJOTE

No veo Dulcineas, Don Quijote,
Ni gigantes, ni islas, nada existe
De tu sueño de loco.
Sólo molinos, mujeres y Baratarias,
Cosas reales que Sancho bien conoce
Y para ti son poco.

SANCHO

Capaz de medos, sim, mas não de assombros.
Para assombros outra alma se precisa
Mais nua e desarmada.
Mas dessa bruta mão cai a semente
Que a teu amo sustenta, e sem o pão,
Até assombro é nada.

SANCHO

Capaz de miedos, sí, mas no de asombros.
Para asombros otra alma se precisa,
Más desnuda y desarmada.
Mas de esa mano tosca cae la semilla
Que a tu amo sustenta, y sin el pan
Hasta el asombro es nada.

JULIETA A ROMEU

É tarde, amor, o vento se levanta,
A escura madrugada vem nascendo,
Só a noite foi nossa claridade.
Já não serei quem fui, o que seremos
Contra o mundo há-de ser, que nos rejeita,
Culpados de inventar a liberdade.

JULIETA A ROMEO

Es tarde, amor, el viento se levanta,
La oscura madrugada va naciendo,
Sólo la noche fue nuestra claridad.
Ya no seré quien fui, lo que seremos
Contra el mundo ha de ser, que nos rechaza,
Culpados de inventar la libertad.

ROMEU A JULIETA

Eu vou amor, mas deixo cá a vida,
No calor desta cama que abandono,
Areia dispersada que foi duna.
Se a noite se fez dia, e com a luz
O negro afastamento se interpõe,
A escuridão da morte nos reúna.

ROMEO A JULIETA

Me voy, amor, mas dejo aquí la vida,
Al calor de esta cama que abandono,
Arenas dispersas que fueron dunas.
Si la noche se hizo día, y con la luz
El negro alejamiento se interpone,
La sombra de la muerte nos reúna.

WEST SIDE STORY

Os jardins de Verona redivivos
No cimento cinzento desta era:
Um recado passado a outra mão,
Uma nova experiência, outra espera.

WEST SIDE STORY

Jardines de Verona redivivos
En el cemento gris de esta era:
Un mensaje pasado hacia otra mano,
Una nueva experiencia, otra espera.

EN ESTA ESQUINA DEL TIEMPO

NESTA ESQUINA DO TEMPO

CONTRACANTO

Aqui, longe do sol, que mais farei
Senão cantar o bafo que me aquece?
Como um prazer cansado que adormece
Ou preso·conformado com a lei.

Mas neste débil canto há outra voz
Que tenta libertar-se da surdina,
Como rosa-cristal em funda mina
Ou promessa de pão que vem nas mós.

Outro sol mais aberto me dará
Aos acentos do canto outra harmonia,
E na sombra direi que se anuncia
A toalha de luz por onde vá.

CONTRACANTO

Aquí, lejos del sol, ¿qué he de hacer
Salvo cantar el aliento que me calienta?
Como un placer cansado que adormece
O un preso resignado con la ley.

Mas en este débil canto hay otra voz
Que intenta liberarse de la sordina,
Como rosa-cristal en honda mina
O promesa de pan en el molino.

Otro sol más abierto me dará
Al acento del canto otra armonía,
Y en la sombra diré que se anuncia
El mantel de luz por donde va.

FUZIL E PEDERNEIRA

Na mineral frieza deste sílex,
Pederneira chamado porque duro,
A labareda oculta se recata
À espera do fuzil que a percuta.

Da lisa superfície onde estalam
Os golpes repetidos do meu aço,
Centelhas como gritos se libertam
E morrem sufocadas neste escuro.

Arde lá fora uma fogueira, à espera,
Enquanto eu bato o coração da pedra.

FUSIL Y PEDERNAL

En la frialdad mineral de este sílex,
Al que llaman pedernal por su dureza,
La llamarada oculta se resguarda
Aguardando al fusil que la percuta.

De la lisa superficie donde estallan
Los golpes repetidos de mi acero,
Centellas como gritos se liberan
Y mueren sofocadas en lo oscuro.

Afuera arde una hoguera, esperando,
Mientras yo golpeo el corazón de la piedra.

ENIGMA

Um novo ser me nasce em cada hora.
O que fui, já esqueci. O que serei
Não guardará do ser que sou agora
Senão o cumprimento do que sei.

ENIGMA

Un nuevo ser me nace a cada hora.
El que fui, ya lo he olvidado. El que seré
No guardará del ser que soy ahora
Sino el cumplimiento de cuanto sé.

NEGÓCIO

Quanto de mim é ouro, não se vende.
O resto desprezado, com o ouro,
Eu o darei a quem o ouro entende.

NEGOCIO

Cuanto en mí es oro no se vende.
El resto despreciado, con el oro,
Se lo he de dar a quien de oro entiende.

VIRGINDADE

Não essa que o pudor um dia larga,
Não essa que foi miragem e é negaça.
A porta derradeira é a que importa:
Caçador que porfia, mata caça.

VIRGINIDAD

No esa que el pudor un día deja,
No esa que fue espejismo y es engaño.
La última puerta es la que importa:
Cazador que porfía, caza alcanza.

REGRA

Tão pouco damos quando apenas muito
De nós na cama ou na mesa pomos:
Há que dar sem medida, como o sol,
Imagem rigorosa do que somos.

REGLA

Tan poco damos cuando sólo mucho
En la cama o la mesa ponemos de nosotros:
Hay que dar sin medida, como el sol,
Imagen rigurosa de lo que somos.

OUTONO

Não é agora Verão, nem me regressam
Os dias indiferentes do passado.
Já Primavera errada se escondeu
Numa dobra do tempo amarrotado.
É tudo quanto tenho, um fruto só,
Sob o calor de Outono amadurado.

OTOÑO

No es ahora verano, ni me regresan
Los días indiferentes del pasado.
La primavera errada se ha escondido
En un pliegue del tiempo arrugado.
Es todo cuanto tengo, un fruto solo,
Bajo el calor de otoño madurado.

ADIVINHA

Quem se dá quem se recusa
Quem procura quem alcança
Quem defende quem acusa
Quem se gasta quem descansa

Quem faz nós quem os desata
Quem morre quem ressuscita
Quem dá a vida quem mata
Quem duvida e acredita

Quem afirma quem desdiz
Quem se arrepende quem não
Quem é feliz infeliz
Quem é quem é coração.

ADIVINANZA

Quién se da quién se niega
Quién busca quién alcanza
Quién defiende quién acusa
Quién se gasta quién descansa

Quién hace nudos quién los desata
Quién muere quién resucita
Quién da la vida quién mata
Quién duda y quién cree

Quién afirma quién desdice
Quién se arrepiente quién no
Quién es feliz infeliz
Quién es quién es corazón.

RECEITA

Tome-se um poeta não cansado,
Uma nuvem de sonho e uma flor,
Três gotas de tristeza, um tom dourado,
Uma veia sangrando de pavor.
Quando a massa já ferve e se retorce
Deita-se a luz dum corpo de mulher,
Duma pitada de morte se reforce,
Que um amor de poeta assim requer.

RECETA

Tómese un poeta no cansado,
Una nube de sueño y una flor,
Tres gotas de tristeza, un tono dorado,
Una vena sangrando de pavor.
Cuando la masa ya hierve y se retuerce
Se echa la luz de un cuerpo de mujer,
Una pizca de muerte que refuerce,
Que un amor de poeta así lo quiere.

«NÃO ME PEÇAM RAZÕES»

Não me peçam razões, que não as tenho,
Ou darei quantas queiram: bem sabemos
Que razões são palavras, todas nascem
Da mansa hipocrisia que aprendemos.

Não me peçam razões por que se entenda
A força de maré que me enche o peito,
Este estar mal no mundo e nesta lei:
Não fiz a lei e o mundo não aceito.

Não me peçam razões, ou que as desculpe,
Deste modo de amar e destruir:
Quando a noite é de mais é que amanhece
A cor de primavera que há-de vir.

«NO ME PIDAN RAZONES»

No me pidan razones, no las tengo,
O daré cuantas quieran: bien sabemos
Que razones son palabras, todas nacen
De las mansas falsedades que aprendemos.

No me pidan razones para entender
La marea rebelde que me llena el pecho.
Mal en este mundo, mal con esta ley:
No hice yo la ley ni el mundo acepto.

No me pidan razones, o que las disculpe,
De este modo de amar y destruir:
En la más oscura noche es donde amanece
El color de primavera, el porvenir.

«NESTA SECRETA GUERRA»

Nesta secreta guerra em que persisto,
Tudo está certo, não desejo paz.
E se nem sempre fujo ao velho jeito
(Herdado doutra era)
De bater com os punhos no meu peito,
Não é por gosto de gritar desgraça,
Mas porque a vida passa,
E mesmo quando aceito,
O coração à espera desespera.

«EN ESTA GUERRA SECRETA»

En esta guerra secreta en que persisto,
Todo es correcto, no deseo paz.
Y si no siempre huyo de la vieja costumbre
(Heredada de otros tiempos)
De golpear en mi pecho con los puños,
No es por el gusto de gritar desgracia,
Sino porque la vida pasa,
E incluso cuando acepto,
El corazón a la espera desespera.

CRAVEIRA

Não deixa amor que o meçam, antes mede,
Incorrupto juiz que tudo afere
Na craveira da sua desmedida.
Chamados todos somos: só elege
Quantos de nós soubermos converter
Em chama vertical a hora consumida,
Em mãos de dar os dedos de reter.

MEDIDA

No deja amor que lo midan, antes mide,
Incorrupto juez que todo contrasta
En la prueba de su desmedida.
Llamados todos somos: sólo elige
A quienes de nosotros sepamos convertir
En llama vertical la hora consumida,
En manos de dar los dedos de retener.

«A TI REGRESSO, MAR»

A ti regresso, mar, ao gosto forte
Do sal que o vento traz à minha boca,
À tua claridade, a esta sorte
Que me foi dada de esquecer a morte
Sabendo embora como a vida é pouca.

A ti regresso, mar, corpo deitado,
Ao teu poder de paz e tempestade,
Ao teu clamor de deus acorrentado,
De terra feminina rodeado,
Prisioneiro da própria liberdade.

A ti regresso, mar, como quem sabe
Dessa tua lição tirar proveito.
E antes que esta vida se me acabe,
De toda a água que na terra cabe
Em vontade tornada, armarei o peito.

«A TI REGRESO, MAR»

A ti regreso, mar, al sabor fuerte
De la sal que el viento trae hasta mi boca,
A tu claridad, a esta suerte
Que me fue dada de olvidar la muerte
Aun sabiendo que la vida es poca.

A ti regreso, mar, cuerpo tendido,
A tu poder de paz y tempestad,
A tu clamor de dios encadenado,
De tierra femenina rodeado,
Cautivo de la propia libertad.

A ti regreso, mar, como quien sabe
De esa tu lección sacar provecho.
Y antes de que la vida se me acabe,
De toda el agua que en la tierra cabe,
En voluntad tornada, armaré el pecho.

«ÁGUA QUE À ÁGUA TORNA»

Água que à água torna, de luz franjada,
Abre-se a vaga em espuma.
Movimento perpétuo, arco perfeito,
Que se ergue, retomba e reflui,
Onda do mar que o mesmo mar sustenta,
Amor que de si próprio se alimenta.

«AGUA QUE AL AGUA VUELVE»

Agua que al agua vuelve, de luz orlada,
La ola se abre en espuma.
Movimiento perpetuo, arco perfecto,
Que se alza, retumba y se recoge,
Ola del mar que el mismo mar sostiene,
Amor que de sí mismo se alimenta.

MEDUSAS

Tentaculada e branca, morta já,
A medusa apodrece,
Veio na onda maior que se espraiou.
Na areia, onde ficou,
A gelatinosa massa fosforesce.

O orgasmo funde dois corpos ali perto,
E do comum suor,
Do brilho fosco que da pele lhes irradia,
A noite faz, recria,
Medusa viva, renovado amor.

MEDUSAS

Tentaculada y blanca, muerta ya,
La medusa se pudre.
La trajo la ola grande desbordada.
En la arena, donde quedó,
La gelatinosa masa fosforece.

El orgasmo funde dos cuerpos allí cerca,
Y del común sudor,
Del brillo áspero que la piel les irradia,
La noche hace, recrea,
Medusa viva, renovado amor.

HISTÓRIA ANTIGA

Compromissos, não tinha, mas faltei;
Não prestei juramento, mas traí:
Sentir-se réu alguém, não depende
Do juízo dos outros, mas de si.

É fácil companhia a consciência
Se mansamente aceita e concilia,
Difícil é calá-la quando somos
Mais rectos afinal do que se cria.

Um dia tornarei às dores do mundo,
À luta onde talvez já não me esperam,
Antes, seja diferente outra mulher,
Companheira, não ferros que me ferram.

HISTORIA ANTIGUA

Sin tener compromisos he faltado;
No presté juramento y traicioné:
Que alguien se sienta reo no depende
Del juicio del otro sino del suyo.

Es fácil compañía la conciencia
Si mansamente acepta y concilia,
Difícil es callarla cuando somos
Más rectos al final de lo creído.

Un día he de volver a los dolores del mundo,
A la lucha donde quizá ya no me esperen,
Antes, sea diferente otra mujer,
Compañera, no hierros que me aprisionen.

NÃO ESCREVAS POEMAS DE AMOR

Rainer Maria Rilke

Porquê, Rainer Maria? Quem impede
O coração de amar, e quem decide
Das vozes que no verso se articulam?
Que há que nos imponha a cabra-cega
De somar infinito a infinito?
Essa escada tão longa que subiste
Quebrou-se no vazio, quando a sombra
Do Outro nos degraus se repartia.
À vertigem aérea do teu voo
Oponho eu a dimensão do passo,
Terrestre sou, e deste haver terrestre,
Homem me digo homem, poemas faço.

NO ESCRIBAS POEMAS DE AMOR

Rainer Maria Rilke

¿Por qué, Rainer Maria? ¿Quién le impide
Al corazón amar, y quién decide
Las voces que en el verso se articulan?
¿Qué nos impone la gallina ciega
De sumar infinito a infinito?
La tan larga escalera que subiste
Se ha roto en el vacío, cuando la sombra
Del Otro en los peldaños se repartía.
Al vértigo aéreo de tu vuelo
Opongo yo la dimensión del paso,
Terrestre soy, y de este ser terrestre,
Hombre me digo hombre, poemas hago.

«NESTA ESQUINA DO TEMPO»

Nesta esquina do tempo é que te encontro,
Ó nocturna ribeira de águas vivas
Onde os lírios abertos adormecem
A mordência das horas corrosivas.

Entre as margens dos braços navegando,
Os olhos nas estrelas do teu peito,
Dobro a esquina do tempo que ressurge
Da corrente do corpo em que me deito

Na secreta matriz que te modela,
Um peixe de cristal solta delírios
E como um outro sol paira, brilhando,
Sobre as águas, as margens e os lírios.

«EN ESTA ESQUINA DEL TIEMPO»

En esta esquina del tiempo es donde te encuentro,
Oh nocturna ribera de aguas vivas
Donde los lirios abiertos adormecen
El dolor de las horas corrosivas.

Bogando entre las márgenes de tus brazos,
Los ojos en las estrellas de tu pecho,
Doblo la esquina del tiempo que resurge
Del móvil cuerpo de agua en que me echo.

En la secreta matriz que te modela,
Un pez de cristal suelta delirios,
Y como otro sol se cierne, brillando,
Sobre el agua, las márgenes y los lirios.

«DE VIOLETAS SE COBRE»

De violetas se cobre o chão que pisas,
De aromas de nardo o ar assombra:
Nestas recurvas áleas, indecisas,
Olho o céu onde passa a tua sombra.

«DE VIOLETAS SE CUBRE»

De violetas se cubre el suelo que pisas,
De aromas de nardo el aire se estremece:
En estas sinuosas alamedas, imprecisas,
Miro hacia el cielo por donde tu sombra pasa.

LABIRINTO

Em mim te perco, aparição nocturna,
Neste bosque de enganos, nesta ausência,
Na cinza nevoenta da distância,
No longo corredor de portas falsas.

De tudo se faz nada, e esse nada
De um corpo vivo logo se povoa,
Como as ilhas do sonho que flutuam,
Brumosas, na memória regressada.

Em mim te perco, digo, quando a noite
Vem sobre a boca colocar o selo
Do enigma que, dito, ressuscita
E se envolve nos fumos do segredo.

Nas voltas e revoltas que me ensombram,
No cego tactear de olhos abertos,
Qual é do labirinto a porta máxima,
Onde a réstia de sol, os passos certos?

Em mim te perco, insisto, em mim te fujo,
Em mim cristais se fundem, se estilhaçam,
Mas quando o corpo quebra de cansado
Em ti me venço e salvo, me encontro em ti.

LABERINTO

En mí te pierdo, aparición nocturna,
En este bosque de engaños, en esta ausencia,
En la neblina gris de la distancia,
En el largo pasillo de puertas falsas.

De todo se hace nada, y esa nada
De un cuerpo vivo enseguida se puebla,
Como islas del sueño que entre la bruma
Flotan, en la memoria que regresa.

En mí te pierdo, digo, cuando la noche
Sobre la boca viene a colocar el sello
Del enigma que, dicho, resucita
Y se envuelve en los humos del secreto.

En vueltas y revueltas que me ensombrecen,
En el ciego palpar con los ojos abiertos,
¿Cuál es del laberinto la gran puerta,
Dónde el haz de sol, los pasos justos?

En mí te pierdo, insisto, en mí te huyo,
En mí el cristal se funde, se hace pedazos,
Mas cuando el cuerpo cansado se quiebra
En ti me venzo y salvo, en ti me encuentro.

ESPAÇO CURVO E FINITO

Oculta consciência de não ser,
Ou de ser num estar que me transcende,
Numa rede de presenças e ausências,
Numa fuga para o ponto de partida:
Um perto que é tão longe, um longe aqui.
Uma ânsia de estar e de temer
A semente que de ser se surpreende,
As pedras que repetem as cadências
Da onda sempre nova e repetida
Que neste espaço curvo vem de ti.

ESPACIO CURVO Y FINITO

Oculta conciencia de no ser,
O de ser en un estar que me trasciende,
En una red de presencias y de ausencias,
En una fuga hasta el punto de partida:
Un cerca que es tan lejos, un lejos aquí.
Un ansia de estar y de temer
La semilla que de ser se sorprende,
Las piedras que repiten las cadencias
De la ola siempre nueva y repetida
Que en este espacio curvo de ti viene.

PESADELO

Há um terror de mãos na madrugada,
Um rangido de porta, uma suspeita,
Um grito perfurante como espada,
Um olho exorbitado que me espreita.
Há um fragor de fim e derrocada,
Um doente que rasga uma receita,
Uma criança que chora sufocada,
Um juramento que ninguém aceita,
Uma esquina que salta de emboscada,
Um risco negro, um braço que rejeita,
Um resto de comida mastigada,
Uma mulher espancada que se deita.

Nove círculos de inferno teve o sonho,
Doze provas mortais para vencer,
Mas nasce o dia, e o dia recomponho:
Tinha de ser, amor, tinha de ser.

PESADILLA

Hay un terror de manos en el alba,
Un rechinar de puerta, una sospecha,
Un grito que horada como una espada,
Un ojo desorbitado que me espía.
Hay un fragor de fin y de derrumbe,
Un enfermo que rompe una receta,
Un niño que llora medio ahogado,
Un juramento que nadie acepta,
Una esquina que salta de emboscada,
Un trazo negro, un brazo que repele,
Un resto de comida masticada,
Una mujer golpeada que se acuesta.

Nueve círculos de infierno tuvo el sueño,
Doce pruebas mortales que vencer,
Pero nace el día, y el día recompongo:
Tenía que ser, amor, tenía que ser.

AFRODITE

Ao princípio, é nada. Um sopro apenas,
Um arrepio de escamas, o perpassar da sombra
Como nuvem marinha que se esgarça
Nos radiais tentáculos da medusa.
Não se dirá que o mar se comoveu
E que a onda vai formar-se deste frémito.
No embalo do mar oscilam peixes
E os braços das algas, serpentinos,
À corrente se dobram, como ao vento
As searas da terra, as crinas dos cavalos.
Entre dois infinitos de azul avança a onda,
Toda de sol coberta, rebrilhando,
Líquido corpo, instável, de água cega.
De longe acorre o vento, transportando
O pólen das flores e os mais perfumes
Da terra confrontada, escura e verde.
Trovejando, a vaga rola, e fecundada
Se lança para o vento à sua espera
No leito de rochas negras que se encrespam
De agudas unhas e vidas fervilhantes.
Ainda alto as águas se suspendem
No instante final da gestação sem par.
E quando, num rapto de vida que começa,
A onda se despedaça e rasga no rochedo,

AFRODITA

Al principio, es nada. Tan sólo un soplo,
Un escalofrío de escamas, un recorrer de sombra
Como nube marina que se rasga
En los radiales tentáculos de una medusa.
No se dirá que el mar se conmovió
Y que de este temblor se ha de formar la ola.
Con el mecer del mar oscilan peces
Y los brazos de las algas, serpentinos,
A la corriente se doblan, como al viento
El trigo de la tierra, la crin de los caballos.
Entre dos infinitos de azul la ola avanza,
Toda de sol cubierta, resplandeciente,
Líquido cuerpo, inestable, de agua ciega.
De lejos acude el viento, transportando
El polen de las flores y los demás perfumes
De la tierra confrontada, oscura y verde.
Tronando, la ola se envuelve, y fecundada
Se lanza al viento aguardando
En el lecho de rocas negras que se erizan
De agudas uñas y vidas efervescentes.
Las aguas se suspenden en lo alto
En el instante final de la gestación sin par.
Y cuando, en un rapto de vida que comienza,
La ola se quiebra y rompe contra el acantilado,

O envolve, cinge, aperta e por ele escorre
—Da espuma branca, do sol, do vento que
    soprou,
Dos peixes, das flores e do seu pólen,
Das algas trémulas, do trigo, dos braços da
    medusa,
Das crinas dos cavalos, do mar, da vida toda,
Afrodite nasceu, nasce o teu corpo.

Lo envuelve, ciñe, aprieta y por él resbala
—De la espuma blanca, del sol, del viento que
    sopló,
De los peces, de las flores y de su polen,
De las algas trémulas, del trigo, de los brazos de la
    medusa,
De la crin de los caballos, del mar, de la vida entera,
Afrodita nació, nace tu cuerpo.

ESTUDO DE NU

Essa linha que nasce nos teus ombros,
Que se prolonga em braço, depois mão,
Esses círculos tangentes, geminados,
Cujo centro em cones se resolve,
Agudamente erguidos para os lábios
Que dos teus se desprenderam, ansiosos.

Essas duas parábolas que te apertam
No quebrar onduloso da cintura,
As calipígias ciclóides sobrepostas
Ao risco das colunas invertidas:
Tépidas coxas de linhas envolventes,
Contornada espiral que não se extingue.

Essa curva quase nada que desenha
No teu ventre um arco repousado,
Esse triângulo de treva cintilante,
Caminho e selo da porta do teu corpo,
Onde o estudo de nu que vou fazendo
Se transforma no quadro terminado.

ESTUDIO DE DESNUDO

Esa línea que nace de tus hombros,
Que se prolonga en brazos, después mano,
Esos círculos tangentes, geminados,
Cuyo centro en cono se resuelve,
Agudamente erguidos hacia los labios
Que ansiosos de los tuyos se desprenden.

Esas dos parábolas que te encierran
En el quebrar ondulado de cintura,
Las calipigias cicloides superpuestas
Al trazo de las columnas invertidas:
Tibios muslos de líneas envolventes,
Torneada espiral que no se extingue.

Esa curva tan suave que dibuja
Sobre tu vientre un arco reposado,
Ese triángulo oscuro que fulgura,
Camino y sello de la puerta de tu cuerpo,
Donde el estudio que de desnudo hago
Se transforma en cuadro terminado.

DE PAZ E DE GUERRA

Na mão serena que num gesto de onda
Em estátua musical o ar modela.

Na mão torcida que num frio de gelo
A parede do tempo em fundos gritos risca.

Na mão de febre que num suor de chama
Em cinzas vai tornando quanto toca.

Na mão de seda que num afago de asa
Faz abrir os sonhos como fontes de água.

Na tua mão de paz, na tua mão de guerra,
Se já nasceu amor, faz ninho a mágoa.

DE PAZ Y DE GUERRA

En la mano serena que en un gesto de ola
En estatua musical modela el aire.

En la mano torcida que en un frío de hielo
La pared del tiempo con hondos gritos raya.

En la mano de fiebre que en un sudor de llama
En cenizas va volviendo cuanto toca.

En la mano de seda que en caricia de ala
Hace abrir los sueños como fuentes de agua.

En tu mano de paz, en tu mano de guerra,
Si ya nació amor, la pena anida.

EM VIOLINO FADO

Ponho as mãos no teu corpo musical
Onde esperam os sons adormecidos.
Em silêncio começo, que pressente
A brusca irrupção do tom real.
E quando a alma ascendendo canta
Ao percorrer a escala dos sentidos,
Não mente a alma nem o corpo mente.
Não é por culpa nossa se a garganta
Enrouquece e se cala de repente
Em cruas dissonâncias, em rangidos
Exasperantes de acorde errado.

Se no silêncio em que a canção esmorece
Outro tom se insinua, recordado,
Não tarda que se extinga, emudece:
Não se consente em violino fado.

EN VIOLÍN, FADO

Pongo las manos en tu cuerpo musical
Donde aguardan adormecidos sones.
En silencio comienzo, que presiente
La brusca irrupción del tono real.
Y cuando el alma ascendiendo canta
Recorriendo la escala de los sentidos,
No miente el alma ni el cuerpo miente.
No es culpa nuestra si la garganta
Enronquece y se calla de pronto
En crudas disonancias, en crujidos
Exasperantes de acorde errado.

Si en el silencio en que la canción desfallece
Otro tono se insinúa, recordado,
No tarda en extinguirse, enmudece:
Si fado es lo que canta, el violín se calla.

NO SILÊNCIO DOS OLHOS

Em que língua se diz, em que nação,
Em que outra humanidade se aprendeu
A palavra que ordene a confusão
Que neste remoinho se teceu?
Que murmúrio de vento, que dourados
Cantos de ave pousada em altos ramos
Dirão, em som, as coisas que, calados,
No silêncio dos olhos confessamos?

EN EL SILENCIO DE LOS OJOS

¿En qué lengua se dice, en qué nación,
En qué otra humanidad se ha aprendido
La palabra que ordene el desconcierto
Que en este remolino se ha tejido?
¿Qué murmullo de viento, qué dorados
Cantos de ave posada en altas ramas
En sonidos dirán las cosas que, callados,
Con el silencio de los ojos confesamos?

COMPENSAÇÃO

Caminho de palavras vou abrindo,
Ao coração das coisas apontado.
Mas não me pesará o desencanto
Se, no ponto em que parar o meu arado,
Rombo na pedra que a morte houver lançado,
Puder ainda, com os ecos deste canto,
Já do coração das coisas afastado,
Mover um coração, se valho tanto.

COMPENSACIÓN

Camino de palabras voy abriendo,
Al corazón de las cosas apuntado.
Mas no me pesará el desencanto
Si, en el punto en que se detenga mi arado,
Romo en la piedra que la muerte haya lanzado,
Pudiera aún, con los ecos de este canto,
Del corazón de las cosas apartado,
Mover un corazón, si valgo tanto.

DECLARAÇÃO

Não, não há morte.
Nem esta pedra é morta,
Nem morto está o fruto que tombou:
Dá-lhes vida o abraço dos meus dedos,
Respiram na cadência do meu sangue,
Do bafo que os tocou.
Também um dia, quando esta mão secar,
Na memória doutra mão perdurará,
Como a boca guardará caladamente
O sabor das bocas que beijou.

DECLARACIÓN

No, no hay muerte.
Ni esta piedra está muerta,
Ni muerto está el fruto que ha caído:
Les da vida el abrazo de mis dedos,
Respiran en la cadencia de mi sangre,
Del aliento que los ha tocado.
También un día, cuando esta mano se seque,
En la memoria de otra mano perdurará,
Como la boca guardará callada
El sabor de las bocas que ha besado.

«UMA SÓ PRECE»

Uma só prece faço, mas não a Deus,
Que não sei onde está, se me conhece.
À memória da vida me encomendo,
Uns dizem que fatal, outros criada.
Quando o Destino não tem, nem Deus teria,
Outro poder que não lhes fosse dado.
Faço pois uma prece, e que ma oiça
A sombra que serei, resumo e resto
De quanto homem fez, foi e perdeu.
Num gesto já não meu, só de abandono,
O braço que hoje prende há-de cair.
Renasça então na palma que arrefece
A lembrança das rosas e dos seios.
Outra herança não fica que mereça
A partilha de bens na eternidade.
O seio é quanto basta, a rosa sobra
Por memória da vida terminada.

«UNA SOLA ORACIÓN»

Una sola oración hago, pero no a Dios,
Que no sé dónde está, si me conoce.
A la memoria de la vida me encomiendo,
Unos dicen que fatal, otros creada.
Cuando el Destino no tiene, ni Dios tendría,
Otro poder que no les fuese dado.
Hago pues una oración, y que me la escuche
La sombra que seré, resto y resumen
De cuanto hombre hizo, fue y perdió.
En un gesto ya no mío, tan sólo de abandono,
El brazo que hoy prende ha de caer.
Renazca entonces en la palma que se enfría
El recuerdo de las rosas y de los senos.
Otra herencia no queda que merezca
Que se repartan sus bienes en la eternidad.
El seno es cuanto basta, la rosa sobra
Por memoria de la vida terminada.

QUÍMICA

Sublimemos, amor. Assim as flores
No jardim não morreram se o perfume
No cristal da essência se defende.
Passemos nós as provas, os ardores:
Não caldeiam instintos sem o lume
Nem o secreto aroma que rescende.

QUÍMICA

Sublimemos, amor. Así las flores
En el jardín no han muerto si el perfume
En el cristal de la esencia se protege.
Pasemos las pruebas, los ardores:
No se fraguan instintos sin la lumbre
Ni el aroma secreto que desprende.

FÍSICA

Colho esta luz solar à minha volta,
No meu prisma a disperso e recomponho:
Rumor de sete cores, silêncio branco.

Como flechas disparadas do seu arco,
Do violeta ao vermelho percorremos
O inteiro espaço que aberto no suspiro
Se remata convulso em grito rouco.

Depois todo o rumor se reconverte,
Tornam as cores ao prisma que define,
À luz solar de ti e ao silêncio.

FÍSICA

Recojo esta luz solar que me rodea,
En mi prisma la disperso y recompongo:
Rumor de siete colores, silencio blanco.

Como flechas disparadas de su arco,
Del violeta al rojo recorremos
El espacio entero que abierto en el suspiro
Se remata convulso en grito ronco.

Después todo el rumor se reconvierte,
Vuelven los colores al prisma que define,
A la luz solar de ti y al silencio.

INTIMIDADE

No coração da mina mais secreta,
No interior do fruto mais distante,
Na vibração da nota mais discreta,
No búzio mais convoluto e ressoante,

Na camada mais densa da pintura,
Na veia que no corpo mais nos sonde,
Na palavra que diga mais brandura,
Na raiz que mais desce, mais esconde,

No silêncio mais fundo desta pausa,
Em que a vida se fez perenidade,
Procuro a tua mão, decifro a causa
De querer e não crer, final, intimidade.

INTIMIDAD

En el corazón de la mina más secreta,
En el interior del fruto más distante,
En la vibración de la nota más discreta,
En la caracola espiral y resonante,

En la capa más densa de pintura,
En la vena que en el cuerpo más nos sonde,
En la palabra que diga más blandura,
En la raíz que más baje, más esconda,

En el silencio más hondo de esta pausa,
Donde la vida se hizo eternidad,
Busco tu mano y descifro la causa
De querer y no creer, final, intimidad.

INVENTÁRIO

De que sedas se fizeram os teus dedos,
De que marfim as tuas coxas lisas,
De que alturas chegou ao teu andar
A graça de camurça com que pisas.

De que amoras maduras se espremeu
O gosto acidulado do teu seio,
De que Índias o bambu da tua cinta,
O oiro dos teus olhos, donde veio.

A que balanço de onda vais buscar
A linha serpentina dos quadris,
Onde nasce a frescura dessa fonte
Que sai da tua boca quando ris.

De que bosques marinhos se soltou
A folha de coral das tuas portas,
Que perfume te anuncia quando vens
Cercar-me de desejo a horas mortas.

INVENTARIO

De qué sedas están hechos tus dedos,
De qué marfil tus muslos lisos,
De qué alturas llegó a tu andar
La gracia de gamuza con que pisas.

De qué moras maduras se extrajo
El sabor acidulado de tu seno,
De qué Indias el bambú de tu cintura.
El oro de tus ojos, de dónde vino.

A qué mecer de ola vas a buscar
La línea serpentina de tus caderas,
De dónde nace la frescura de esa fuente
Que sale de tu boca cuando ríes.

De qué bosques marinos se soltó
La hoja de coral de tus puertas,
Qué perfume te anuncia cuando vienes
A rodearme de deseo las horas muertas.

PRAIA

Circular, o poema te rodeia:
Em voltas apertadas vem cercando
O teu corpo deitado sobre a areia.

Como outra abelha em busca doutro mel,
Os aromas do jardim abandonando,
Vai rasando o poema a tua pele.

PLAYA

Circular, el poema te rodea:
En vueltas apretadas va cercando
Tu cuerpo tumbado en la arena.

Como otra abeja en busca de otra miel,
Del jardín los aromas olvidando,
Desliza el poema sobre tu piel.

ARTE DE AMAR

Metidos nesta pele que nos refuta,
Dois somos, o mesmo que inimigos.
Grande coisa, afinal, é o suor
(Assim já o diziam os antigos):
Sem ele, a vida não seria luta,
Nem o amor amor.

ARTE DE AMAR

Metidos en esta piel que nos reniega,
Somos dos, lo mismo que enemigos.
Gran cosa, finalmente, es el sudor
(Así ya lo decían los antiguos):
Sin él, la vida no sería lucha,
Ni el amor amor.

ASPA

Sobre o leito desmanchado te derrubo,
Onde atiças o desejo que acendi.
À glória do teu corpo, de mim, subo:
Não cantam anjos, mas do céu bem perto,
De um suor de agonia recoberto,
Tudo se cumpre na aspa que escolhi.

ASPA

Sobre el lecho deshecho te derribo,
Donde atizas el deseo que encendí.
A la gloria de tu cuerpo, de mí, subo:
No cantan ángeles, mas del cielo bien cerca,
De un sudor de agonía recubierto,
Todo se cumple en el aspa que elegí.

CORPO-MUNDO

Que caminhos do teu corpo não conheço,
À sombra de que vales não dormi,
Que montanhas não escalei, que lonjuras
Não abarquei nos olhos dilatados,
Que torrentes não passei, que rios fundos
A nudez do meu corpo não transpôs,
Que praias perfumadas não pisei,
Que selvas e jardins, que descampados?

CUERPO-MUNDO

¿Qué caminos de tu cuerpo no conozco,
A la sombra de qué valles no dormí,
Qué montañas no escalé, qué lejanías
No abarqué con mis ojos dilatados,
Qué torrentes no pasé, qué ríos profundos
La desnudez de mi cuerpo no cruzó,
Qué playas perfumadas no pisé,
Qué selvas y jardines, qué descampados?

BALADA

Dei a volta ao continente
Sem sair deste lugar
Interroguei toda a gente
Como o cego ou o demente
Cuja sina é perguntar

Ninguém me soube dizer
Onde estavas e vivias
(Já cansados de esquecer
Só vivos para morrer
Perdiam a conta aos dias)

Puxei da minha viola
Na soleira me sentei
Com a gamela da esmola
Com pão duro na sacola
Desiludido cantei

Talvez dissesse romanças
Ou cantigas de encantar
Aprendidas nas andanças
Das poucas aventuranças
De quem não soube esperar

BALADA

Di la vuelta al continente
Sin salir de este lugar
Interrogué a toda la gente
Como el ciego o el demente
Cuyo sino es preguntar

Nadie me supo decir
Dónde estabas o vivías
(Ya cansados de olvidar
Para morir sólo vivos
Perdían la cuenta a los días)

Tomé mi guitarra
En el umbral me senté
Con el cuenco de limosna
Con pan duro en la alforja
Desengañado canté

Quizá dijese romanzas
O cantigas de encantar
Aprendidas en las andanzas
De las escasas venturas
De quien no supo esperar

Andavam longe os teus passos
Nem as cantigas ouviste
Vivias presa nos laços
Que faziam outros braços
No teu corpo que despiste

Quanto tempo ali fiquei
Sangrando os dedos nas cordas
Quantos arrancos soltei
Nesta fome que criei
Nem eu sei nem tu recordas
Porque nunca tos contei

Até que um dia cansaste
(Era pó não era monte)
Outra lembrança deixaste
E nas águas desta fonte
A tua sede mataste
—Ó arco da minha ponte

Andaban lejos tus pasos
Ni las cantigas oíste
Vivías presa en los lazos
Que hacían otros brazos
En tu cuerpo que desvestiste

Cuánto tiempo me quedé
Sangrándome allí los dedos
Cuántos ayes yo solté
De esta hambre que crié
Ni yo sé ni tú recuerdas
Pues nunca te los conté

Hasta que un día te cansaste
(Era polvo no era monte)
Otro recuerdo dejaste
Y en las aguas de esta fuente
Tu sed viniste a matar
—Oh arcada de mi puente

JOGO DO LENÇO

Trago no bolso do peito
Um lenço de seda fina,
Dobrado de certo jeito.
Não sei quem tanto lhe ensina
Que quanto faz é bem feito.

Acena nas despedidas,
Quando a voz já lá não chega
Por distâncias desmedidas.
Depois, no bolso aconchega
As saudades permitidas.

Também o suor salgado,
Às vezes, enxugo a medo,
Que o lenço é mal empregado.
E quando me feri um dedo,
Com ele o trouxe ligado.

Nunca mais chegava ao fim
Se as graças todas dissesse
Deste meu lenço e de mim,
Mas uma coisa acontece
De que não sei porque sim:

JUEGO DEL PAÑUELO

Yo llevo en la chaqueta
Pañuelo de fina seda,
Doblado con cierta gracia.
No sé quién tanto le enseña
Que cuanto hace está bien hecho.

Trabaja en las despedidas,
Cuando allá la voz no llega
Por distancias desmedidas.
Después en el bolsillo acoge
Las saudades permitidas.

También el sudor salado,
A veces, enjugo a miedo,
Aunque así es mal empleado.
Y cuando me herí en un dedo,
Con él lo traje atado.

No acabaría nunca si
Las gracias todas dijese
De mi pañuelo y de mí.
Pero una cosa acontece
Que yo no sé porque si:

Quando os meus olhos molhados
Pedem auxílio do lenço,
São pedidos escusados.
E é bem por isso que penso
Que os meus olhos, se molhados,
Só se enxugam no teu lenço.

Cuando mis ojos mojados
Piden auxilio al pañuelo,
Son peticiones en vano.
Por eso pienso que sólo,
Cuando mis ojos se mojan,
En tu pañuelo se enjugan.

LEMBRANÇA DE JOÃO ROIZ
DE CASTEL'BRANCO

Não os meus olhos, senhora, mas os vossos,
Eles são que partem às terras que
    não sei,
Onde memória de mim nunca passou,
Onde é escondido meu nome de segredo.

Se de trevas se fazem as distâncias,
E com elas saudades e ausências,
Olhos cegos me fiquem, e não mais
Que esperar do regresso a luz que foi.

RECUERDO DE JOÃO ROIZ
DE CASTEL'BRANCO

No mis ojos, señora, los vuestros
Son los que en verdad parten a tierras que
   desconozco,
Donde memoria de mí no hubo nunca,
Donde mi nombre en secreto se esconde.

Si de tinieblas se hacen las distancias,
Y con ellas saudades y ausencias,
Ojos ciegos me queden, y no más
Que esperar del regreso la luz que fue.

PRESTIDIGITAÇÃO

Não pode mais do que eu a natureza
Nem são de ferro as leis que me governam.
Dentro de mim as artes se conjugam
Que de novos sinais te vão cercar:

Uma pedra fendida num sorriso,
Uma nuvem gritando nas alturas,
Uma sombra que a luz não justifica,
Um sopro quando o vento se afastou.

Outras muitas maravilhas eu faria
E quantas mais me dessem na vontade,
Mas não a servem artes nem sinais:
É de ferro e é lei esta saudade.

PRESTIDIGITACIÓN

No puede más que yo la naturaleza
Ni es de hierro la ley que me gobierna.
Dentro de mí las artes se conciertan
Que de nuevas señales te rodean:

Una piedra hendida en una sonrisa,
Una nube gritando en las alturas,
Una sombra que la luz no justifica,
Un soplo cuando el viento se alejó.

Otras muchas maravillas yo haría
Tantas y tantas como bien quisiera,
Mas no me sirven artes ni señales:
Es de hierro y es ley esta saudade.

ANALOGIA

Que é o mar? Lonjura desmedida
De largos movimentos e marés,
Como um corpo dormente que respira?

Ou isto que mais perto nos alcança,
Bater de azul na praia rebrilhante,
Onde a água se torna aérea espuma?

Amor será o abalo que percorre
No vermelho do sangue as veias tensas
E os nervos arrepia como um gume?

Ou antes esse gesto indefinível
Que o meu corpo transporta para o teu
Quando o tempo recolhe ao seu começo?

Como é o mar, amor é paz e guerra,
Acesa agitação, calma profunda,
Roçar leve de pele, unha que ferra.

ANALOGÍA

¿Qué es el mar? ¿Lejanía desmedida
De anchos movimientos y mareas,
Como un cuerpo durmiente que respira?

¿O esto que más cerca nos alcanza,
Batir de azul en la playa que brilla,
Donde el agua se hace aérea espuma?

¿Amor será la conmoción que recorre
En lo rojo de la sangre las venas tensas
Y los nervios eriza como un filo?

¿O mejor ese gesto indefinible
Que mi cuerpo transporta hasta el tuyo
Cuando el tiempo recoge a su comienzo?

Como es el mar, amor es paz y guerra,
Ardiente agitación, calma profunda,
Rozar leve de piel, uña que se aferra.

SONETO ATRASADO

De Marília os sinais aqui ficaram,
Que tudo são sinais de ter passado:
Se de flores vejo o chão atapetado,
Foi que do chão seus pés as levantaram.

Do riso de Marília se formaram
Os cantos que escuto deleitado,
E as águas correntes neste prado
Dos olhos de Marília é que brotaram.

O seu rasto seguindo, vou andando,
Ora sentindo dor, ora alegria,
Entre uma e outra a vida partilhando:

Mas quando o sol se esconde, a noite fria
Sobre mim desce, e logo, miserando,
Após Marília corro, após o dia.

SONETO RETRASADO

De Marilia señales aquí quedaron,
Que todo son señales de haber pasado:
Si de flores veo el suelo alfombrado,
Fue porque del suelo sus pies las levantaron.

De la risa de Marilia se formaron
Los cantos que yo escucho deleitado,
Y las aguas que corren en este prado
De los ojos de Marilia es que brotaron.

Su rastro siguiendo, voy andando,
Sintiendo ahora dolor, ahora alegría,
Entre uno y otra la vida compartiendo:

Cuando el sol se esconde, la noche fría
Sobre mí baja, y pronto, desdichado,
Tras de Marilia corro, tras el día.

EXERCÍCIO MILITAR

És campo de batalha, ou simples mapa?
És combate geral, ou de guerrilhas?
Na cortina de fumo que te tapa,
É paz que vem, ou novas armadilhas?

Fechado neste posto de comando,
Avanço as minhas tropas ao acaso
E tão depressa forço como abrando:
Capitão sem poder, soldado raso.

A lutar com fantasmas e desejos,
Nem sequer sinto as balas disparadas,
E disponho as bandeiras dos meus beijos
Em vez de abrir crateras a dentadas.

EJERCICIO MILITAR

¿Eres campo de batalla o simple mapa?
¿Combate general o de guerrillas?
Tras la cortina de humo que te tapa,
¿Qué es lo que hay: paz o nuevas trampas?

Encerrado en este puesto de mando,
Avanzo mis tropas al azar
Y tan deprisa fuerzo como aflojo:
Capitán sin poder, soldado raso.

Luchando con fantasmas y deseos,
Ni tan siquiera siento las balas disparadas:
Y despliego las banderas de mis besos
En vez de abrir cráteres a dentelladas.

OPÇÃO

Antes arder ao vento como archote
Num deserto de sombras e de medos,
Que ser a dócil rima do teu mote,
Um morrão de cigarro nos teus dedos.

OPCIÓN

Antes arder al viento como antorcha
En un desierto de sombras y de miedos,
Que ser la dócil rima de tu mote,
Una colilla breve entre tus dedos.

BARALHO

Lanço na mesa as cartas de jogar:
Os amores de cartão e as espadas,
Os losangos vermelhos de ouro falso,
A trilobada folha que ameaça.
Caso e descaso as damas e os valetes.
Andam os reis pasmados nesta farsa.
E quando conto os pontos da derrota,
Sai-me de lá a rir, como perdido,
Na figura do bobo o meu retrato.

BARAJA

Sobre la mesa echo las cartas de la baraja:
Los amores de cartón y las espadas,
Los diamantes rojos de oro falso,
El trébol que amenaza.
Junto y separo damas y caballos.
Mientras los reyes andan pasmados en la farsa.
Y cuando cuento los puntos de la derrota,
Me sale de allí riendo, como perdido,
En la figura del bufón mi retrato.

EXÍLIO

Mais valera que fossem pedras secas,
Caminhos de nó cego e de moscardos,
Ou paisagens sulfúreas, onde os passos,
Como de sombra vaga, não soassem.
Mas o mato rescende, e sob o vento
As nuvens, como um corpo, vão roçando
Quatro montes irónicos que desenham,
Impossíveis, as formas doutro corpo.

EXILIO

Más valdría que fuesen piedras secas,
Caminos de nudo ciego y de tábanos,
Paisajes sulfurosos, donde los pasos,
Como de sombra vaga, no sonasen.
Mas el matorral huele, y bajo el viento
Las nubes, como un cuerpo, van rozando
Cuatro montes irónicos que dibujan,
Imposibles, las formas de otro cuerpo.

CANTIGA DE SAPO

Já mastiguei solidão
E tinha gosto de cobre
Ficou-me o travo na língua
Mais amargo que o azebre

Já cantei com voz de sapo
As rosas do céu mais perto
Coseram-me a fio a boca
Espetaram-me em vara torta

Voei com penas de cinza
Por sobre as águas abertas
Sonho de asa mal firmada
Numa aparência de vento

Voltei ao sapo que era
À minha boca calada
À triaga à mordedura
À vara que me espetava

Debaixo de mim a terra
Por cima de mim o céu
A noite que vai passando

CANTIGA DE SAPO

Ya mastiqué soledad
Tenía sabor de cobre
Y un regusto en la lengua
Más amargo que el óxido

Ya canté con voz de sapo
Las rosas del cielo más cercano
Con hilo cosieron mi boca
En una vara torcida me clavaron

Volé con plumas de ceniza
Sobre las aguas abiertas
Sueño de ala poco firme
Con apariencia de viento

Volví al sapo que era
A mi boca callada
A la triaca a la mordedura
A la vara que me clavaba

Debajo de mí la tierra
Por encima de mí el cielo
La noche que va pasando

O silêncio a solidão
A manhã que vem tão longe
As rosas que vão murchando

El silencio la soledad
La mañana aún tan lejos
Las rosas que se marchitan

OUTRA VEZ FRUTOS, ROSAS OUTRA VEZ

Mas se estas mãos em concha não moldarem
As rosas que levantas no teu seio,
Se a boca não morder na tua boca
O mel da flor, em fruto transformado,
Caiam as mãos, os lábios se me preguem,
Que miragens de vida não as quero
Deste lado de cá do teu pomar,
Diante do jardim todo murado.

OTRA VEZ FRUTOS, ROSAS OTRA VEZ

Si estas manos en concha no moldearon
Las rosas que levantas en tu seno,
Si la boca no muerde en tu boca
La miel de la flor, en fruto transformado,
Caigan las manos, los labios se me peguen,
Que espejismos de vida no los quiero
A este lado de acá de tus frutales,
Ante el jardín alrededor cercado.

RE-INICIAÇÃO

É porque tudo foge que não fujo
E começo, do princípio, a conjugar
O verbo já sabido e suspeitado.
Numa eira de brasas me sentaram,
Mas digo que são brumas. Negador,
O corpo me regressa, iniciado.

RE-INICIACIÓN

Es porque todo huye que yo no huyo
Y vuelvo a conjugar desde el principio
El verbo conocido y sospechado.
En una era de brasas me sentaron,
Mas digo que son brumas. Negador,
El cuerpo me regresa, iniciado.

FIM E RECOMEÇO

Não pode ser luar esta brancura,
Nem aves batem asas sobre o leito,
Onde caem os corpos fatigados:
Será, de mim, o sangue que murmura,
Serão, de ti, as luas do teu peito:
Onde vai o cansaço, renovados.

FINAL Y NUEVO COMIENZO

No puede ser luar esta blancura,
Ni aves aletean sobre el lecho,
Donde caen los cuerpos fatigados:
Será, de mí, la sangre que murmura,
Serán, de ti, las lunas de tu pecho:
Donde va el cansancio, renovados.

METÁFORA

Trago nas mãos um búzio ressoante
Onde os ventos do mar se reuniram,
E das mãos, ou do búzio murmurante,
Alastra em cor e som irradiante
A beleza que os olhos te despiram.

METÁFORA

Traigo en las manos una caracola resonante
Donde los vientos del mar se reunieron,
Y de las manos o de la caracola murmurante,
Se esparce en colores y sonido irradiante
La belleza que los ojos te desnudaron.

AMANHECER

Navego no cristal da madrugada,
Na dureza do frio reflectido,
Onde a voz ensurdece, laminada,
Sob o peso da noite e do gemido.

Abre o cristal em nuvem desmaiada,
Foge a sombra, o silêncio e o sentido
Da nocturna memória sufocada
Pelo murmúrio do dia amanhecido.

AMANECER

Navego en el cristal de la madrugada,
En la dureza del frío reflejado,
Donde la voz ensordece, laminada,
Bajo el peso de la noche y el gemido.

Abre el cristal en nube desmayada,
Huye la sombra, el silencio y el sentido
De la nocturna memoria sofocada
Por el murmullo del día amanecido.

APROXIMAÇÃO

Vem mansamente, aérea como asa
Ou aroma entornado de luar,
Na quentura vermelha duma brasa,
Entre a cinza macia do olhar.

Vem num bailado alado e serpentino,
Salpicado de estrelas e miragens,
Na força preguiçosa do felino,
No sussurro do vento nas folhagens.

Vem, secreto bruxedo doutro mundo,
Donde trouxeste o espelho em que me vejo,
Mergulhemos os dois até ao fundo,
Estilhaçado o silêncio pelo desejo.

APROXIMACIÓN

Ven mansamente, aérea como ala
O aroma derramado de luar,
En el ardiente rojo de una brasa,
En la ceniza blanda del mirar.

Ven en una danza alada y serpentina,
Salpicada de estrellas y visiones,
En la fuerza indolente del felino,
En el rumor del viento entre las ramas.

Ven, secreto embrujo de otro mundo,
Del que trajiste el espejo en que me veo,
Sumerjámonos los dos hasta lo hondo,
Roto ya el silencio por el deseo.

POENTE

Que podes mais dizer-me que não saiba,
Veio do sol sangrada para a terra,
Manso esgarçar de névoa refrangida
Entre o azul do mar e o céu vermelho?
Já há tantos poentes na lembrança,
Tantos dedos de fogo sobre as águas,
Que todos se confundem quando, noite,
Posto o sol, se fecham os teus olhos.

PONIENTE

¿Qué puedes ya decirme que no sepa,
Vena del sol sangrada hasta la tierra,
Manso rasgar de niebla refractada
Entre el azul del mar y el cielo rojo?
Son tantos los ponientes del recuerdo,
Tantos dedos de fuego sobre el agua,
Que todos se confunden cuando, noche,
Ya puesto el sol, tus ojos se cierran.

INTEGRAL

Por um segundo, apenas, não ser eu:
Ser bicho, pedra, sol ou outro homem,
Deixar de ver o mundo desta altura,
Pesar o mais e o menos doutra vida.

Por um segundo, apenas, outros olhos,
Outra forma de ser e de pensar,
Esquecer quanto conheço, e da memória
Nada ficar, nem mesmo ser perdida.

Por um segundo, apenas, outra sombra,
Outro perfil no muro que separa,
Gritar com outra voz outra amargura,
Trocar por morte a morte prometida.

Por um segundo, apenas encontrar
Mudado no teu corpo este meu corpo,
Por um segundo, apenas, e não mais:
Por mais te desejar, já conhecida.

INTEGRAL

Por un segundo, sólo, no ser yo:
Ser bicho, piedra, sol, u otro hombre,
Dejar de ver el mundo desde esta altura,
Pesar el más y el menos de otra vida.

Por un segundo, sólo, otros ojos,
Otra forma de ser y de pensar,
Olvidar cuanto sé, de la memoria
Nada dejar, ni el saberla perdida.

Por un segundo, sólo, otra sombra,
Otro perfil en el muro que separa,
Gritar con otra voz otra amargura,
Cambiar por muerte la muerte prometida.

Por un segundo, sólo, encontrar
En tu cuerpo mudado el cuerpo mío,
Por un segundo, sólo, y no más:
Por desearte más, ya conocida.

ELOQUÊNCIA

Um verso que não diga por palavras,
Ou se palavras tem, que nada exprimam:
Uma linha no ar, um gesto breve
Que, num silêncio fundo, me resuma
A vontade que quer, a mão que escreve.

ELOCUENCIA

Un verso que se diga sin palabras,
O si palabras tiene, nada expresen:
Una línea en el aire, un gesto breve
Que, en un hondo silencio, me resuma
La voluntad que quiere, la mano que escribe.

«APRENDAMOS, AMOR»

Aprendamos, amor, com estes montes
Que, tão longe do mar, sabem o jeito
De banhar no azul dos horizontes.

Façamos o que é certo e de direito:
Dos desejos ocultos outras fontes
E desçamos ao mar do nosso leito.

«APRENDAMOS, AMOR»

Aprendamos, amor, de estos montes
Que, tan lejos del mar, saben el modo
De bañar en el azul los horizontes.

Hagamos lo que es justo y razonable:
De deseos ocultos otras fuentes
Y bajemos al mar de nuestro lecho.

DIZ TU POR MIM, SILÊNCIO

Não era hoje um dia de palavras,
Intenções de poemas ou discursos,
Nem qualquer dos caminhos era nosso.
A definir-nos bastava um acto só,
E já que nas palavras me não salvo,
Diz tu por mim, silêncio, o que não posso.

DI TÚ POR MÍ, SILENCIO

No era hoy un día de palabras,
Intentos de poemas o discursos,
Ni ningún camino era nuestro.
Para decirnos bastaba un acto sólo,
Y ya que en las palabras no me salvo,
Di tú por mí, silencio, lo que no puedo.

«NUM REPENTE, NÃO ANDO»

Num repente, não ando, e num repente
O gesto se estilhaça, como o vidro
Das vogais remoídas a pedradas.

Olhos vivos, na cauda do pavão,
De seca pontaria me enquadraram,
Cegos de trinta sóis em madrugadas.

Como, entre dentes, areia prisioneira
No só riscar do esmalte se defende,
Faço de versos gumes contra o nada.

E suspenso de mim, a voz suspensa,
Na cegueira dos sóis abro candeias
Que a minha mão transporta em alvorada.

«DE PRONTO, NO ME MUEVO»

De pronto, no me muevo, y de pronto
El gesto se quiebra, como el cristal
De vocales molidas a pedradas.

Ojos vivos, en la cola del pavo real,
Con seca puntería me enmarcaron,
Ciegos de treinta soles en madrugadas.

Como, entre dientes, arena cautiva
En el rayar del esmalte se defiende,
Hago del verso filos contra la nada.

Y suspenso de mí, la voz suspensa,
En la ceguera del sol abro candiles
Que mi mano transporta en alborada.

CORPO

Talvez atrás dos olhos, quando abertos,
Uma cinzenta luz de madrugada
Ou vago sol oculto entre névoa.

O resto é escuridão, onde se esconde,
Entre colunas de ossos e arcadas,
Como animais viscosos, palpitando,
A soturna cegueira das entranhas.

O resto se compõe de fundas grutas,
De abismos insondáveis que demonstram,
Ao compasso do sangue e da memória,
As medidas do tempo irrecusado.

Tudo tão pouco e tanto quando, lenta,
Na penumbra dos olhos se desenha
A lembrança dum corpo retirado.

CUERPO

Quizá tras los ojos, estando abiertos,
Una grisácea luz de madrugada
O un vago sol oculto entre la niebla.

Lo demás es oscuridad donde se esconde,
Entre columnas de huesos y arcadas,
Como animales viscosos, palpitando,
La sombría ceguera de las entrañas.

Lo demás se conforma de hondas grutas,
De abismos insondables que demuestran,
Al compás de la sangre y la memoria,
Las medidas del tiempo irrebatible.

Todo tan poco y tanto cuando, lento,
En la penumbra de los ojos se dibuja
El recuerdo de un cuerpo retirado.

CAMINHO

Há mentiras de mais e compromissos
(Poemas são palavras recompostas)
E por tantas perguntas sem respostas
Mascara-se a verdade com postiços.

Não é vida, nem sombra, nem razão,
É jaula de doidice furiosa,
Eriçada de gritos, angulosa,
Com estilhaços de vidro pelo chão.

É carrego de mais esta jornada
E protestos não servem, nem suores,
Já mordidos os membros de tremores,
Já vencida a bandeira e arrastada.

Depois se me apagaram os amores
Que a viagem fizeram desejada.

CAMINO

Hay mentiras de más y compromisos
(Poemas son palabras recompuestas)
Y por tantas preguntas sin respuestas
La verdad se enmascara con engaños.

No es vida, ni sombra, ni razón,
Es jaula de locura enfurecida,
Encrespada de gritos, esquinada,
Con trozos de cristales por el suelo.

Demasiada carga es la jornada
Y protestas no sirven, ni sudores,
Mordidos ya los miembros de temblores,
Vencida la bandera y arrastrada.

Después se me borraron los amores
Que el viaje hicieron deseado.

«ERGO UMA ROSA»

Ergo uma rosa, e tudo se ilumina
Como a lua não faz nem o sol pode:
Cobra de luz ardente e enroscada
Ou vento de cabelos que sacode.

Ergo uma rosa, e grito a quantas aves
O céu pontuam de ninhos e de cantos,
Bato no chão a ordem que decide
A união dos demos e dos santos.

Ergo uma rosa, um corpo e um destino
Contra o frio da noite que se atreve,
E da seiva da rosa e do meu sangue
Construo perenidade em vida breve.

Ergo uma rosa, e deixo, e abandono
Quanto me dói de mágoas e assombros.
Ergo uma rosa, sim, e ouço a vida
Neste cantar das aves nos meus ombros.

«ALZO UNA ROSA»

Alzo una rosa, y todo se ilumina
Como no hace la luna ni el sol puede:
Serpiente de luz ardiente y enroscada
O viento de cabellos que se mueve.

Alzo una rosa, y grito a cuantas aves
El cielo colorean de nidos y de cantos,
En el suelo golpeo la orden que decide
La unión de los demonios y los santos.

Alzo una rosa, un cuerpo y un destino
Contra la fría noche que se atreve,
Y con savia de rosa y con mi sangre
Perennidad construyo en vida breve.

Alzo una rosa, y dejo, y abandono
Cuanto me duele de penas y de asombros.
Alzo una rosa, sí, y oigo la vida
En el cantar de las aves en mis hombros.

«POIS O TEMPO NÃO PÁRA»

Pois o tempo não pára, nem importa
Que vividos os dias aproximem
O copo de água amarga colocado
Onde a sede da vida se exaspera.

Não contemos os dias que passaram:
Hoje foi que nascemos. Só agora
A vida começou, e, longe ainda,
Pode a morte cansar à nossa espera.

«PUES EL TIEMPO NO PARA»

Pues el tiempo no para, poco importa
Que los días vividos nos acerquen
El vaso de agua amarga colocado
Donde la sed de vida se exaspera.

No contemos los días que pasaron:
Fue hoy cuando nacimos. Sólo ahora
La vida ha comenzado, y, lejos aún,
La muerte ha de cansarse en nuestra espera.

AINDA QUE SEJA

Seja a noite mais negra, e mais profundo,
E gelado, e sombrio o mar dos monstros.
Seja o olho de Deus como o da cobra:
Uma fenda de escamas numa pedra.

Seja o centro da terra fogo ou cinzas,
E mais torta e sulfúrea a cicatriz
Dos incêndios que vão de lado a lado
Desta face mesquinha, lamentável.

Seja a rua mais longa e descoberta,
E mais alta a parede que ao fim dela
Da suspensão do passo faz comércio
De panos baços e ouros sem contraste.

Seja o fruto mais podre e enganoso,
Entre a mão e o trigo a aranha preta.
Seja o calor do sol outro fantasma
Na frieza da gruta dos espectros.

Seja o mundo mordido e toda a carne
Pelas mandíbulas disformes ou ventosas,
Ou agulhas mortais de quantos seres
Doutras terras do céu desçam a esta.

AUNQUE SEA

Sea la noche más negra, y más profundo,
Y helado, y sombrío el mar de los monstruos.
Sea el ojo de Dios como el de la serpiente:
Hendidura de escamas en una piedra.

Sea el centro de la tierra fuego o cenizas,
Y más torcida y sulfurosa la cicatriz
Del incendio que de lado a lado cruza
Este rostro mezquino, lamentable.

Sea la calle más larga y descubierta,
Y más alta la pared que en su final
De la suspensión del paso hace comercio
De paños desteñidos y oropeles.

Sea el fruto más podrido y engañoso,
Entre la mano y el trigo la araña negra.
Sea el calor del sol otro fantasma
En la frialdad de la gruta de los espectros.

Sea el mundo mordido y toda la carne
Por las mandíbulas disformes o ventosas,
O agujas mortales de cuantos seres
De otras tierras del cielo a ésta bajen.

Seja lá o que for, ou venha a ser,
Ou tenha sido em dor e agonia,
Em miséria, pavor e amargura,
Se o teu ventre se abre e me procura.

Sea lo que sea, o acabe siendo,
O haya sido con dolor y agonía,
Con miseria, pavor y amargura,
Si tu vientre se abre y me recoge.

CANÇÃO

Canção, não és ainda. Não te bastem
Os sons e as cadências, se do vento
O acenar da asa não tiveres.
Aqui me voltarás um outro dia:
Nocturno escurecido da lembrança,
Coral resplandecente de alegria.

CANCIÓN

Canción, aún no eres. No te basten
Sonidos y cadencias, si del viento
No tienes el despedir del ala.
Aquí me volverás algún día:
Nocturno oscurecido del recuerdo,
Coral resplandeciente de alegría.

PROBABLEMENTE ALEGRÍA

PROVAVELMENTE ALEGRIA

POEMA PARA LUÍS DE CAMÕES

Meu amigo, meu espanto, meu convívio,
Quem pudera dizer-te estas grandezas,
Que eu não falo do mar, e o céu é nada
Se nos olhos me cabe.
A terra basta onde o caminho pára,
Na figura do corpo está a escala do mundo.
Olho cansado as mãos, o meu trabalho,
E sei, se tanto um homem sabe,
As veredas mais fundas da palavra
E do espaço maior que, por trás dela,
São as terras da alma.
E também sei da luz e da memória,
Das correntes do sangue o desafio
Por cima da fronteira e da diferença.
E a ardência das pedras, a dura combustão
Dos corpos percutidos como sílex,
E as grutas do pavor, onde as sombras
De peixes irreais entram as portas
Da última razão, que se esconde
Sob a névoa confusa do discurso.
E depois o silêncio, e a gravidade
Das estátuas jazentes, repousando,
Não mortas, não geladas, devolvidas
À vida inesperada, descoberta.

POEMA PARA LUÍS DE CAMÕES

Mi amigo, mi asombro, mi candil,
Quién pudiera decirte estas grandezas,
Que yo no hablo del mar, y el cielo es nada
Si en los ojos me cabe.
La tierra basta donde el camino acaba,
La figura del cuerpo es la escala del mundo.
Miro cansado mis manos, mi trabajo,
Y sé, si puede un hombre saber tanto,
Las veredas más hondas de la palabra
Y del espacio mayor que, tras ella,
Son las tierras del alma.
Y también sé de la luz y la memoria,
De las corrientes de la sangre el desafío
Más allá de fronteras y de diferencias.
Y el ardor de las piedras, la dura combustión
De cuerpos golpeados como sílex,
Y las grutas del pavor, donde las sombras
De peces irreales traspasan las puertas
De la última razón, que se esconde
Bajo la niebla confusa del discurso.
Y después el silencio, y la gravedad
De las estatuas yacentes, reposando,
No muertas, no heladas, devueltas
A la vida inesperada, descubierta.

E depois, verticais, as labaredas
Ateadas nas frontes como espadas,
E os corpos levantados, as mãos presas,
E o instante dos olhos que se fundem
Na lágrima comum. Assim o caos
Devagar se ordenou entre as estrelas.

Eram estas as grandezas que dizia
Ou diria o meu espanto, se dizê-las
Já não fosse este canto.

Y después, verticales, las llamaradas
Prendidas en las frentes como espadas,
Y los cuerpos alzados, manos presas,
Y el instante de los ojos que se funden
En la lágrima común. Así el caos
Despacio se ordenó entre las estrellas.

Éstas eran las grandezas que decía
O diría mi asombro, si el decirlas
Ya no fuese este canto.

«PROVAVELMENTE»

Provavelmente, o campo demarcado
Não basta ao coração nem o exalta;
Provavelmente, o traço da fronteira
Contra nós, amputados, o riscámos.
Que rosto se promete e se desenha?
Que viagem prometida nos espera?
São asas (que só duas fazem voo),
Ou solitário arder de labareda?

«PROBABLEMENTE»

Probablemente, el campo demarcado
No le basta al corazón ni lo exalta;
Probablemente, el trazo de la frontera
Contra nosotros, amputados, lo trazamos.
¿Qué rostro se promete y se dibuja?
¿Qué viaje prometido nos espera?
¿Son alas (que sólo dos hacen vuelo),
O solitario arder de llamarada?

O FRUTO

Mordo, voraz, a polpa, e sob a língua
Se derrama o sabor reconhecido
Do fruto que se deu e que não mente.
Tudo parece igual, mas, no limite,
Decifro como um deus a obra doutro:
A promessa escondida na semente.

EL FRUTO

Muerdo, voraz, la pulpa, y bajo la lengua
Se derrama el sabor reconocido
Del fruto que se dio y que no miente.
Todo parece igual, pero en el límite
Descifro como un dios la obra de otro:
La promesa escondida en la semilla.

«ONDE»

Onde os olhos se fecham; onde o tempo
Faz ressoar o búzio do silêncio;
Onde o claro desmaio se dissolve
No aroma dos nardos e do sexo;
Onde os membros são laços, e as bocas
Não respiram, arquejam violentas;
Onde os dedos retraçam novas órbitas
Pelo espaço dos corpos e dos astros;
Onde a breve agonia; onde na pele
Se confunde o suor; onde o amor.

«DONDE»

Donde los ojos se cierran; donde el tiempo
Hace resonar la caracola del silencio;
Donde el claro desmayo se disuelve
En el aroma de los nardos y del sexo;
Donde los miembros son lazos, y las bocas
No respiran, jadean violentas;
Donde los dedos trazan nuevas órbitas
Por el espacio de los cuerpos y los astros;
Donde la breve agonía; donde en la piel
Se confunde el sudor; donde el amor.

«AINDA AGORA É MANHÃ»

Ainda agora é manhã, e já os ventos
Adormecem no céu. Pouco a pouco,
A névoa antiga e baça se levanta.
Ruivamente, o sol abre uma estrada
Na prata nublada destas águas.
É manhã, meu amor, a noite foge,
E no mel dos teus olhos escurece
O amargo das sombras e das mágoas.

«TODAVÍA AHORA ES LA MAÑANA»

Todavía ahora es la mañana, y ya los vientos
Sosiegan en el cielo. Poco a poco,
La niebla antigua y densa se levanta.
Rubicundo, el sol abre un camino
En la plata nublada de estas aguas.
Es la mañana, amor mío, la noche huye,
Y en la miel de tus ojos oscurece
Lo amargo de las sombras y de las penas.

FORJA

Quero branco o poema, e ruivo ardente
O metal duro da rima fragorosa,
Quero o corpo suado, incandescente,
Na bigorna sonora e corajosa,
E que a obra saída desta forja
Seja simples e fresca como a rosa.

FRAGUA

Quiero blanco el poema, y rojo ardiente
El metal duro de la rima fragorosa,
Quiero el cuerpo sudado, incandescente,
En el yunque sonoro y valeroso,
Y que la obra salida de esta fragua
Sea sencilla y fresca como la rosa.

«AO INFERNO, SENHORES»

Ao inferno, senhores, ao inferno dos homens,
Lá onde não fogueiras, mas desertos.
Vinde todos comigo, irmãos ou inimigos,
A ver se povoamos esta ausência
Chamada solidão.
E tu, claro amor, palavra nova,
Que a tua mão não deixe a minha mão.

«AL INFIERNO, SEÑORES»

Al infierno, señores, al infierno de los hombres,
Donde no hay hogueras, sino desiertos.
Venid todos conmigo, hermanos o enemigos,
A ver si poblamos esta ausencia
Llamada soledad.
Y tú, claro amor, palabra nueva,
Que tu mano no suelte mi mano.

«SECRETO COMO UM SEIXO»

Secreto como um seixo, e oferecido
Com a branda ternura que o envolve,
É este o corpo, de luz anunciada.
Quantos anos viveste, em sombra ausente,
Geraram longamente a hora, o gesto,
Que da noite do seixo, alma da pedra,
Lança o grito solar como um protesto.

«SECRETO COMO UN GUIJARRO»

Secreto como un guijarro, y ofrecido
Con la blanda ternura que lo envuelve,
Éste es el cuerpo, de luz anunciada.
Cuantos años viviste, en sombra ausente,
Engendraron ampliamente la hora, el gesto,
Que de la noche del guijarro, alma de la piedra,
Lanza el grito solar como protesta.

«NESTA RASA POBREZA»

Nesta rasa pobreza que ficou
De jardins floridos, de searas
Como espelhos do sol ao meio-dia,
Quem esperaria que nascessem nardos
E que as romãs abertas mostrariam
Corações lapidados e auroras?
Mas todo o tempo é tempo começado,
E a terra adivinhada, transparente,
Cobre a fonte serena e misteriosa
Que torna a sede ardente.

«EN ESTA RASA POBREZA»

En esta rasa pobreza que ha quedado
De jardines florecidos, de cosechas
Como espejos del sol al mediodía,
¿Quién ha de esperar que nazcan nardos
Y que las granadas abiertas muestren
Corazones lapidados y auroras?
Pero todo tiempo es tiempo comenzado,
Y la tierra adivinada, transparente,
Cubre la fuente serena y misteriosa
Que vuelve la sed ardiente.

«NO TEU OMBRO POUSADA»

No teu ombro pousada, a minha mão
Toma posse do mundo. Outro sinal
Não proponho de mim ao que defino:
Que no mínimo espaço desse gesto
Se desenhem as formas do destino.

«EN TU HOMBRO POSADA»

En tu hombro posada, mi mano
Toma posesión del mundo. Otra señal
No propongo de mí a lo que defino:
Que en el mínimo espacio de este gesto
Se dibujen las formas del destino.

AS PALAVRAS DE AMOR

Esqueçamos as palavras, as palavras:
As ternas, caprichosas, violentas,
As suaves de mel, as obscenas,
As de febre, as famintas e sedentas.

Deixemos que o silêncio dê sentido
Ao pulsar do meu sangue no teu ventre:
Que palavra ou discurso poderia
Dizer amar na língua da semente?

LAS PALABRAS DE AMOR

Olvidemos las palabras, las palabras:
Las tiernas, caprichosas, violentas,
Las suaves de miel, las obscenas,
Las febriles, las sedientas y hambrientas.

Dejemos que el silencio dé sentido
Al latir de mi sangre en tu vientre:
¿Qué palabra o discurso lograría
Decir amar en la lengua de la semilla?

PAISAGEM COM FIGURAS

Não há muito que ver nesta paisagem:
Alagadas campinas, ramos nus
De salgueiros e choupos eriçados:
Raízes descobertas que trocaram
O natural do chão pelo céu vazio.
Aqui damos as mãos e caminhamos,
A romper nevoeiros.
Jardim do paraíso, obra nossa,
Somos nele os primeiros.

PAISAJE CON FIGURAS

No hay mucho que ver en este paisaje:
Campos alagados, ramas desnudas
De sauces y álamos encrespados:
Raíces descubiertas que cambiaron
Lo natural del suelo por el cielo vacío.
Aquí nos cogemos las manos y caminamos,
Rompiendo nieblas.
Jardín del paraíso, obra nuestra,
Somos aquí los primeros.

«NUAS, AS FAIAS»

Nuas, as faias nem memória têm
Da prata luarenta que as cobriu
(Que primavera é esta, que ternura
Vem soltar-me das mãos a mão do frio?)

«DESNUDAS, LAS HAYAS»

Desnudas, las hayas ni memoria tienen
De la plata de luna que las ha cubierto
(¿Qué primavera es ésta, qué ternura
Viene a soltarme de las manos la mano del frío?)

«VENHO DE LONGE, LONGE»

Venho de longe, longe, e canto surdamente
Esta velha, tão velha, canção de rimas tortas,
E dizes que a cantei a outra gente,
Que outras mãos me abriram outras portas:

Mas, amor, eu venho neste passo
E grito, da lonjura das estradas,
Da poeira mordida e do tremor
Das carnes maltratadas,
Esta nova canção com que renasço.

«VENGO DE LEJOS, LEJOS»

Vengo de lejos, lejos, y canto sordamente
Esta vieja, tan vieja, canción de rimas tuertas,
Y dices que la canté a otra gente,
Que otras manos me abrieron otras puertas:

Pero, amor mío, yo vengo a este paso
Y grito, desde la lejanía de los caminos,
Desde el polvo mordido y el temblor
De las carnes maltratadas,
Esta nueva canción con que renazco.

«ONDE A SOMBRA DE TI»

Onde a sombra de ti, o meu perfil
É linha de certeza. Aí são convergentes
As vagas circulares, no seu limite
O ponto rigoroso se propaga.
Aí se reproduz a voz inicial,
A palavra solar, o laço da raiz.
Nasce de nós o tempo, e, criadores,
Pela força do perfil coincidente,
Amanhecemos deuses de mãos dadas.

«DONDE TU SOMBRA»

Donde tu sombra, mi perfil
Es línea de certeza. Ahí convergen
Las olas circulares, en su límite
El punto riguroso se propaga.
Ahí se reproduce la voz inicial,
La palabra solar, el lazo de la raíz.
De nosotros nace el tiempo, y, creadores,
Por la fuerza del perfil coincidente,
Cogidos de la mano amanecemos dioses.

PEDRA CORAÇÃO

Houve um tempo sem forma, uma fusão
Mordida de cristais neste basalto.
Houve decerto um rio, um mar antigo,
Onde a pedra rolou.
Houve também um sismo, e outro sismo
Agora cumprirá, na mão fechada,
A forma prometida. Assim, exacta,
A pedra se moldou.

PIEDRA CORAZÓN

Hubo un tiempo sin forma, una fusión
Mordida de cristales en este basalto.
Hubo sin duda un río, un mar antiguo,
Donde rodó la piedra.
Hubo también un seísmo, y otro seísmo
Ha de cumplir ahora, en la mano cerrada,
La forma prometida. Así, exacta,
Se moldeó la piedra.

«DEVAGAR, VOU DESCENDO»

Devagar, vou descendo entre corais.
Abro, dissolvo o corpo: fontes minhas
De águas brancas, secretas, reunidas
Ao orvalho das rosas escondidas.

«DESPACIO, VOY BAJANDO»

Despacio, voy bajando entre corales.
Abro, disuelvo el cuerpo: fuentes mías
De aguas blancas, secretas, reunidas
Al rocío de las rosas escondidas.

«MALHA, REDE, CERCADO»

Malha, rede, cercado, envolvimento,
Curva do teu e meu, circuito nosso,
São remates de ponte e de vitória
Sobre os arcos lançados, sobre o fosso.

Sobre o fosso da pele e da diferença,
Olhos, bocas e mãos sabem e tecem
Vides novas, grinaldas enlaçadas,
Onde os bagos iguais amadurecem.

«MALLA, RED, VALLADO»

Malla, red, vallado, envoltura,
Curva de lo tuyo y de lo mío, circuito nuestro,
Son remates de puente y de victoria
Sobre los arcos lanzados, sobre el foso.

Sobre el foso de la piel y de la diferencia,
Ojos, bocas y manos saben y tejen
Vides nuevas, guirnaldas enlazadas,
Donde las uvas, idénticas, maduran.

«AO CENTRO DA ESMERALDA»

Ao centro da esmeralda vou, nocturno,
Secreto como os astros, entre as luas
Do espaço rigoroso do teu mundo.
Banho, calado, em luz e água virgem,
E na pureza verde desses pastos
Tenho o corpo do sol, como ele fecundo.

«AL CENTRO DE LA ESMERALDA»

Al centro de la esmeralda voy, nocturno,
Secreto como los astros, entre las lunas
Del espacio riguroso de tu mundo.
Me baño, silencioso, en luz y agua virgen,
Y en la pureza de esos pastos
Tengo el cuerpo del sol, como él fecundo.

«É TÃO FUNDO O SILÊNCIO»

É tão fundo o silêncio entre as estrelas.
Nem o som da palavra se propaga,
Nem o canto das aves milagrosas.
Mas lá, entre as estrelas, onde somos
Um astro recriado, é que se ouve
O íntimo rumor que abre as rosas.

«ES TAN HONDO EL SILENCIO»

Es tan hondo el silencio entre las estrellas.
Ni el son de la palabra se propaga,
Ni el canto de las aves milagrosas.
Pero allá, entre las estrellas, donde somos
Un astro recreado, es donde se oye
El íntimo rumor que abre las rosas.

«FLOR DE CACTO»

Flor de cacto, flor que se arrancou
À secura do chão.
Era aí o deserto, a pedra dura,
A sede e a solidão.
Sobre a palma de espinhos, triunfante,
Flor, ou coração?

«FLOR DE CACTUS»

Flor de cactus, flor que se ha arrancado
A la sequedad del suelo.
Ahí era el desierto, la piedra dura,
La sed y la soledad.
Sobre la palma de espinos, triunfante,
¿Flor, o corazón?

«QUANDO OS DEDOS DE AREIA»

Quando os dedos de areia se esboroam,
A dureza da pedra é só memória
Do gesto inacabado.
Azul de céu e verde de alga funda,
Vejo a praia do mundo, fresca e rasa.
E o rosto desenhado.

«CUANDO LOS DEDOS DE ARENA»

Cuando los dedos de arena se deshacen,
La dureza de la piedra sólo es memoria
Del gesto inacabado.
Azul de cielo y verde de alga honda,
Veo la playa del mundo, fresca y lisa,
Y el rostro dibujado.

TEMPO DE CRISTAL

Meu caminho de choupos, apontado
Ao segredo do ovo e das raízes,
Ou vara de cristal em mãos de fogo
E grito de barqueiro à madrugada:
Longa foi a jornada, e muitas águas
Foram charcos parados, quando rios
As fontes, que eram minhas, prometiam.
E barcos encalhados se perderam.

Sobre a terra pousado, como um sino,
Tange o vitral do céu e nasce o mundo:
Águas vivas, libertas, olhos de aves
São as formas do sol no ovo aberto.
Vão navegando os barcos, e as raízes
Firmes na rocha os troncos alimentam:
Descem brilhando ao fundo a vara e o fogo
E o tempo de cristal sobe até nós.

TIEMPO DE CRISTAL

Mi camino de chopos, apuntado
Al secreto del huevo y las raíces,
O vara de cristal en manos de fuego
Y grito de barquero a la madrugada:
Larga fue la jornada, y muchas aguas
Fueron charcos parados, cuando ríos
Las fuentes, que eran mías, prometían.
Y barcos encallados se perdieron.

Asentada en la tierra, como campana,
Tañe la vidriera del cielo y nace el mundo:
Aguas vivas, libres, ojos de aves
Son las formas del sol en el huevo abierto.
Van navegando los barcos, y las raíces
Firmes en la roca los troncos alimentan:
Bajan brillando al fondo la vara y el fuego
Y el tiempo de cristal sube hasta nosotros.

ESTRELAS POUCAS

Dizer-te rosa, aurora ou água solta,
Que mais é que palavras apanhadas
No refugo das línguas e das bocas?
Os mistérios são pouco o que parecem,
Ou não chegam palavras a dizê-los:
Na fundura do espaço estrelas poucas.

ESTRELLAS POCAS

Decirte rosa, aurora o agua suelta,
¿Qué otra cosa es sino palabras atrapadas
En el desecho de las lenguas y de las bocas?
Los misterios apenas son lo que parecen,
O no llegan palabras a decirlos:
En la hondura del espacio estrellas pocas.

MANHÃ

Altos os troncos, e no alto os cantos:
A hora da manhã, a nós nascida,
Cobre de verde e azul o gesto simples
Com que me dás, serena, a tua vida.

Confiança das mãos, dos olhos calmos,
Donde a sombra das mágoas e dos prantos
Como a noite do bosque se retira:
Altos os troncos, e no alto os cantos.

MAÑANA

Altos los troncos, y en lo alto los cantos:
La hora de la mañana, en nosotros nacida,
Cubre de azul y verde el gesto simple
Con que me das, serena, tu vida.

Confianza de manos, de ojos calmos,
Donde la sombra de la pena y del llanto
Como la noche del bosque se retira:
Altos los troncos, y en lo alto los cantos.

ANTES CALADOS

E se os ossos rangessem quando os gritos
Dentro no sangue negro se amordaçam?
E se os olhos uivassem quando a lágrima
Grossa de sal amargo rasga a pele?
E se as unhas mudadas em navalhas
Abrissem dez caminhos de desforra?
E se os versos doessem mastigados
Entre dentes que mordem o vazio?

(Mais perguntas, amor? Antes calados.)

MEJOR CALLADOS

¿Y si los huesos crujiesen cuando los gritos
Dentro de la sangre negra se amordazan?
¿Y si los ojos aullasen cuando la lágrima
Gruesa de sal amarga rasga la piel?
¿Y si las uñas convertidas en navajas
Abriesen diez caminos de desquite?
¿Y si los versos doliesen masticados
Entre dientes que muerden el vacío?

(¿Más preguntas, amor? Mejor callados.)

«TENHO UM IRMÃO SIAMÊS»

Tenho um irmão siamês
(Há quem tenha, mas o meu,
Ligado à sola dos pés,
Anda espalhado no chão,
Todo mordido da raiva
De ser mais raso do que eu.)

Tenho um irmão siamês
(É a sombra, cão rafeiro,
Vai à frente ou de viés
Conforme a luz e a feição,
De modo que sempre caiba
Nos limites do ponteiro.)

Tenho um irmão siamês
(Minha morte antecipada,
Já deitada,
À espera da minha vez.)

«TENGO UN HERMANO SIAMÉS»

Tengo un hermano siamés
(Otros los tienen, pero el mío,
Unido por la planta de los pies,
Anda esparcido por el suelo,
Todo él mordido por la rabia
De ser más rastrero que yo.)

Tengo un hermano siamés
(Es la sombra, perro guardián,
Va de frente o al bies
Según la luz y su aspecto,
De modo que siempre quepa
En los límites del puntero.)

Tengo un hermano siamés
(Mi muerte anticipada,
Echada ya,
A la espera de que llegue yo.)

PARÁBOLA

Num caroço de mentira
Trouxe a verdade escondida
Pus o caroço na terra
Nasceu verdade fingida

Não faltou água dos olhos
Ao viço desta palmeira
Que frutos daria o ramo
Da maligna sementeira

Se do sal que nela morde
Um sabor amargo sobra
É coisa que vai no rasto
Que ficou depois da cobra

Lá em cima onde a verdade
Tem a franqueza do vento
Negam ninhos as raízes
Porque é outro o seu sustento

E o tronco tão levantado
Sobre o caroço partido
Não é tronco mas é homem
Alto firme e decidido

PARÁBOLA

En un carozo de mentira
Traje la verdad escondida
Puse el carozo en la tierra
Nació verdad fingida

No le faltaron lágrimas
Al verdor de esta palmera
Qué frutos daría la rama
De la maligna sementera

Si de la sal que en ella muerde
Un sabor amargo sobra
Es algo que va en el rastro
Que ha dejado la culebra

Arriba donde la verdad
Tiene la franqueza del viento
Niegan nidos las raíces
Porque es otro su sustento

Y el tronco tan levantado
Sobre el carozo partido
No es tronco sino hombre
Alto firme y decidido

CAVALARIA

Cheguei esporas ao cavalo
E os sentimentos exaustos
Deram saltos no regalo
Das gualdrapas e dos faustos

A relva cheirava a palha
Desmanchei rosas vermelhas
Mas pasto foi maravalha
Sabia ao sarro das selhas

Porque o cavalo era eu
O cansaço e as esporas
Tudo eu e a cor do céu
Mais o gosto das amoras

Relinchos eram os versos
Com jeito de ferradura
Que fazia por dar sorte
Mas tantos foram reversos
Que o ventre de serradura
Deu um estoiro deu a morte

Cai a montada no chão
Cai por terra o cavaleiro

CABALLERÍA

Espoleé el caballo
Y los sentimientos exhaustos
Brincaron en el deleite
De las gualdrapas y faustos

La hierba olía a paja
Deshice rosas rojas
Pero el pasto me sabía
al sarro de las tinajas

Porque el caballo era yo
El cansancio y las espuelas
Y yo el color del cielo
Y el sabor de las moras

Relinchos eran los versos
Con sesgo de herradura
Hechos por darme suerte
Pero tantos fueron reversos
Que el vientre de aserraduras
Reventó llevó a la muerte

Cae la montura al suelo
Cae por tierra el caballero

Que era eu (como se viu)
Da escola de equitação
Vim ao saber verdadeiro
Das transparências do rio

Agora dentro do barco
Nos remos brancas grinaldas
Tenho os teus braços em arco
Como um colar de esmeraldas

Que era yo (ya se ha visto)
De la escuela de equitación
Llegué al saber verdadero
De las transparencias del río

Ahora dentro del barco
En los remos blancas guirnaldas
Tengo tus brazos en arco
Como un collar de esmeraldas

«PASSA NO PENSAMENTO»

Passa no pensamento a passo
Um animal cavalo
Em vez de laço e pasto a foice
Na venta trespassada
Enquanto o braço abusa do cansaço
Do cavalo animal à chicotada

Entre as pernas do bicho a cicatriz
Que o animal não quis
E a pata almofadada de modo que não sofra
A pedra da calçada

E sentadas nas bermas as velhas abrem coxas
Entre as coxas cabeças decepadas
Com as línguas de fora escarnecentes
E tenazes nos dentes

A rua tem donzelas nas janelas
Que é esse o lugar delas
Enquanto o animal torce o pescoço
A ver se cai a urna que transporta
E não cabe na porta

«PASA EN EL PENSAMIENTO»

Pasa en el pensamiento a paso
Un animal caballo
En vez de lazo y pasto la hoz
Traspasa sus belfos
Mientras el brazo abusa del cansancio
Del caballo animal a fustazos

Entre las piernas del bicho la cicatriz
Que el animal no quiso
Y la pata acolchada de modo que no dañe
Las piedras de la calzada

Sentadas en las aceras las viejas abren sus muslos
Y entre los muslos cabezas mutiladas
Con la lengua por fuera haciendo mofa
Y tenazas en los dientes

La calle tiene doncellas en las ventanas
Que es ése su lugar
Mientras el animal tuerce el cuello
Viendo si se cae la urna que transporta
Y no cabe por la puerta

Levantaram-se as velhas dos passeios
As cabeças rolaram penduradas
Da tripa umbilical
As donzelas taparam as orelhas
E mostraram os seios
Ao cavalo animal

Numa bandeja de prata
Uma menina de branco
Cinta de fina escarlata
Traz o membro do cavalo
Enquanto o morto descansa
Vão buscá-lo

Se levantaron las viejas de las aceras
Las cabezas rodaron suspendidas
Del cordón umbilical
Las doncellas taparon sus oídos
Y mostraron sus senos
Al caballo animal

    En una bandeja de plata
    Una niña de blanco
    Cinta de fina escarlata
    Trae el miembro del caballo
    Mientras el muerto descansa
    Van a buscarlo

«ESTOU ONDE O VERSO FAÇO»

Estou onde o verso faço, e erro o verso
Porque a fuga do tempo, ao núcleo escasso,
Tira a carne do fruto até ao osso.
Rilho no fel o dente e o desafio,
Tal, vagaroso, o bicho em jaula morde,
No travor do caroço, a memória do mel.

«ESTOY DONDE EL VERSO HAGO»

Estoy donde el verso hago, y yerro el verso
Porque la fuga del tiempo, al núcleo escaso,
Arranca la carne del fruto hasta el hueso.
Mordisqueo en la hiel el diente y el desafío,
Como, indeciso, el bicho en jaula muerde,
En la acidez del hueso, la memoria de la miel.

O BEIJO

Hoje, não sei porquê, o vento teve um grande
    gesto de renúncia, e as árvores aceitaram a
    imobilidade.
No entanto (e é bem que assim seja) uma viola
    organiza obstinadamente o espaço da solidão.
Ficamos sabendo que as flores se alimentam na
    fértil humidade.
É essa a verdade da saliva.

EL BESO

Hoy, no sé por qué, el viento ha tenido un
    hermoso gesto de renuncia, y los árboles han
    aceptado su quietud.
Sin embargo (y es bueno que así sea) una guitarra
    organiza obstinadamente el espacio de la soledad.
Acabamos sabiendo que las flores se alimentan en
    la fértil humedad.
Ésa es la verdad de la saliva.

«A MESA É O PRIMEIRO OBJECTO»

A mesa é o primeiro objecto do sonho.
É branca, de madeira branca, sem pintura.
Tem papéis brancos que flutuam e se esquivam aos
  gestos.
O lugar seria um escritório se não fosse uma espécie
  de abside com degraus.
A parede curva, sem reboco, mostra as pedras
  roídas.
Quando o sonhador acordar, tentará saber onde
  esteve e há-de lembrar-se de uma ruína assim,
  em Paris, no museu de Cluny.
Mas não tem a certeza.
Os papéis brancos não obedecem, e isto
  impacienta o sonhador.
De repente há uma presença na abside, não bem
  uma presença, uma ameaça que se difunde e
  paira.
Começa o terror.
O homem que sonha quer resistir, mas o medo é
  mais forte, e não há ali ninguém a quem tivesse
  de mostrar coragem.
Foge por um longo corredor e pára junto de uma
  porta que dá certamente para um jardim.
Olha para trás, vai aparecer alguém.

«LA MESA ES EL PRIMER OBJETO»

La mesa es el primer objeto del sueño.
Es blanca, de madera blanca, sin pintura.
Tiene papeles blancos que flotan y huyen de los
    gestos.
El lugar sería un despacho si no fuese una especie
    de ábside con peldaños.
La pared curvada, sin revoque, muestra las piedras
    desgastadas.
Cuando el soñador despierte, tratará de saber
    dónde estuvo y ha de recordar una ruina
    parecida, en París, en el museo de Cluny.
Pero no está seguro.
Los papeles blancos no obedecen, y esto
    impacienta al soñador.
De pronto hay una presencia en el ábside, no
    exactamente una presencia, una amenaza
    que se difunde y se cierne.
Comienza el terror.
El hombre que sueña quiere resistir, pero el
    miedo es más fuerte, y allí no hay nadie
    a quien tuviese que mostrar valor.
Huye por un largo pasillo y se para junto a una
    puerta que sin duda da a un jardín.
Mira hacia atrás, alguien va a aparecer.

Ao fundo do corredor passa de relance uma
	rapariga cor de fumo.
O medo é insuportável.
A rapariga vem pelo corredor, rodopiando em
	ziguezague, fazendo ricochete de parede a parede.
«Quem és?», pergunta o homem que sonha.
«Papoila», responde a rapariga, e ri sem ruído.
O medo lança o homem no jardim.
Cai no chão, e a rapariga, já não cor de fumo,
	mas suja, cai também.
Ao cair duplica-se, e as duas lutam arrancando-se
	bocados de roupas e de carne que logo se
	reconstituem.
O homem não aguenta mais, tem de libertar-se já.
Mas outra rapariga surge, igual às duas, e esta é
	muito maior.
Estão todos estendidos no chão, presos uns aos
	outros, e contudo não se tocam.
A rapariga grande tem um ovo dentro do bolso
	do avental.
Se aquele ovo for tirado e lançado pelo jardim
	fora e partido, será o fim do pesadelo.
Porque nesta altura o homem sabe que está a
	sonhar.
A rapariga grande senta-se no chão, dobra os
	joelhos, a saia escorrega sobre as coxas, o sexo
	fica à vista.
O ovo, é preciso tirar-lhe o ovo.
A rapariga começa a remexer-se, rindo.
Chegou o momento.
O homem mete-lhe a mão no bolso, agarra o ovo.
E acorda.

Al fondo del pasillo cruza rápidamente una
   muchacha color de humo.
El miedo es insoportable.
La muchacha viene por el pasillo, remolineando
   en zigzag, rebotando de pared en pared.
«¿Quién eres?», pregunta el hombre que sueña.
«Amapola», responde la muchacha, y se ríe sin ruido.
El miedo lanza al hombre al jardín.
Cae al suelo, y la muchacha, ya no color de humo,
   sino sucia, cae también.
Al caer se duplica, y ambas luchan arrancándose
   jirones de ropas y de carne que enseguida se
   recomponen.
El hombre no aguanta más, tiene que liberarse ya.
Pero aparece otra muchacha, igual a las otras,
   y ésta es mucho mayor.
Están todos tendidos en el suelo, presos unos a
   otros, y sin embargo no se tocan.
La muchacha grande tiene un huevo dentro del
   bolsillo del delantal.
Si ese huevo se tirase al jardín y se partiera, sería el
   final de la pesadilla.
Porque en ese momento el hombre sabe que está
   soñando.
La muchacha grande se sienta en el suelo, dobla
   las rodillas, la falda resbala por sus muslos y el
   sexo queda al aire.
El huevo, es necesario quitarle el huevo.
La muchacha empieza a agitarse, riéndose.
Ha llegado el momento.
El hombre mete su mano en el bolsillo, coge el huevo.
Y se despierta.

«NA ILHA POR VEZES HABITADA»

Na ilha por vezes habitada do que somos, há
   noites, manhãs e madrugadas em que não
   precisamos de morrer.
Então sabemos tudo do que foi e será.
O mundo aparece explicado definitivamente
   e entra em nós uma grande serenidade,
   e dizem-se as palavras que a significam.
Levantamos um punhado de terra e apertamo-la
   nas mãos.
Com doçura.
Aí se contém toda a verdade suportável: o
   contorno, a vontade e os limites.
Podemos então dizer que somos livres, com a paz
   e o sorriso de quem se reconhece e viajou à
   roda do mundo infatigável, porque mordeu a
   alma até aos ossos dela.
Libertemos devagar a terra onde acontecem
   milagres como a água, a pedra e a raiz.
Cada um de nós é por enquanto a vida.
Isso nos baste.

«EN LA ISLA A VECES HABITADA»

En la isla a veces habitada de lo que somos, hay
noches, mañanas y madrugadas en las que no
necesitamos morir.
Entonces sabemos todo lo que fue y será.
El mundo aparece explicado definitivamente y
nos invade una gran serenidad, y se dicen las
palabras que la significan.
Levantamos un puñado de tierra y lo apretamos
entre las manos.
Con dulzura.
Ahí se encierra toda la verdad soportable: el
contorno, el deseo y los límites.
Podemos decir entonces que somos libres, con la
paz y la sonrisa de quien se reconoce y viajó
infatigable alrededor del mundo, porque
mordió el alma hasta sus huesos.
Liberemos lentamente la tierra donde ocurren
milagros como el agua, la piedra y la raíz.
Cada uno de nosotros es de momento la vida.
Que eso nos baste.

«É UM LIVRO DE BOA-FÉ»

É um livro de boa-fé, disse Montaigne.
Ninguém sabe o que esta frase quer dizer, declara
o professor, enxugando os olhos, e chama um
contínuo para que lhe traga um copo doutra água.
Entretanto o aluno mais novo saiu pela janela e
teve todas as revelações do Buda.
Mas quando chegou debaixo do salgueiro estava
uma mulher deitada e nua, que repousava a
cabeça num livro de páginas brancas.
Estava também o infinito, era azul depois de um
caminho vermelho, e branco depois de uma
cortina dourada.
Então o professor disse que faltava um aluno e
que não valia a pena continuar a aula.
Desde aí o salgueiro ficou sendo um lugar de
peregrinação.
Mas só eleitos capazes de sair voando de uma aula
poderiam ver os dois corpos deitados, e até
hoje ninguém os viu, embora lá estejam
movendo-se infinitamente.
Por isso a história começa sem começar e acaba
sem acabar.
Como qualquer coisa que se parecesse muito com
o infinito.

«ES UN LIBRO DE BUENA FE»

Es un libro de buena fe, dijo Montaigne.
Nadie sabe lo que esta frase quiere decir, declara
    el profesor, secándose los ojos, y llama al
    conserje para que le traiga un vaso de otra agua.
Mientras, el alumno más joven salió por la
    ventana y tuvo todas las revelaciones de Buda.
Pero cuando llegó bajo el sauce había una mujer
    tumbada y desnuda que reposaba su cabeza en
    un libro con las páginas en blanco.
Había también el infinito, era azul tras un
    camino rojo, y blanco tras una cortina
    dorada.
Entonces el profesor dijo que faltaba un alumno
    y que no merecía la pena seguir con la clase.
Desde ese momento el sauce se convirtió en un
    lugar de peregrinación.
Pero sólo los elegidos capaces de salir volando de
    un aula podrían ver los dos cuerpos tumbados,
    y hasta hoy nadie los ha visto, aunque estén allí
    moviéndose infinitamente.
Por eso la historia empieza sin empezar y acaba
    sin acabar.
Como algo muy parecido
    al infinito.

PROTOPOEMA

Do novelo emaranhado da memória, da escuridão
  dos nós cegos, puxo um fio que me aparece
  solto.
Devagar o liberto, de medo que se desfaça entre
  os dedos.
É um fio longo, verde e azul, com cheiro de
  limos, e tem a macieza quente do lodo vivo.
É um rio.
Corre-me nas mãos, agora molhadas.
Toda a água me passa entre as palmas abertas,
  e de repente não sei se as águas nascem de
  mim, ou para mim fluem.
Continuo a puxar, não já memória apenas, mas
  o próprio corpo do rio.
Sobre a minha pele navegam barcos, e sou
  também os barcos e o céu que os cobre e os
  altos choupos que vagarosamente deslizam
  sobre a película luminosa dos olhos.
Nadam-me peixes no sangue e oscilam entre duas
  águas como os apelos imprecisos da memória.
Sinto a força dos braços e a vara que os
  prolonga.
Ao fundo do rio e de mim, desce como um lento
  e firme pulsar de coração.

PROTOPOEMA

Del ovillo enmarañado de la memoria, de la
oscuridad, de los nudos ciegos, tiro de un hilo
que me aparece suelto.
Lo libero poco a poco, con miedo de que se
deshaga entre mis dedos.
Es un hilo largo, verde y azul, con olor a cieno,
y tiene la blandura caliente del lodo vivo.
Es un río.
Me corre entre las manos, ahora mojadas.
Toda el agua me pasa por entre las palmas
abiertas, y de pronto no sé si las aguas nacen
de mí o hacia mí fluyen.
Sigo tirando, no ya sólo memoria, sino el propio
cuerpo del río.
Sobre mi piel navegan barcos, y soy también los
barcos y el cielo que los cubre y los altos
chopos que lentamente se deslizan sobre la
película luminosa de los ojos.
Nadan peces en mi sangre y oscilan entre dos aguas
como las llamadas imprecisas de la memoria.
Siento la fuerza de los brazos y la vara que los
prolonga.
Al fondo del río y de mí, baja como un lento
y firme latir del corazón.

Agora o céu está mais perto e mudou de cor.

É todo ele verde e sonoro porque de ramo em ramo acorda o canto das aves.

E quando num largo espaço o barco se detém, o meu corpo despido brilha debaixo do sol, entre o esplendor maior que acende a superfície das águas.

Aí se fundem numa só verdade as lembranças confusas da memória e o vulto subitamente anunciado do futuro.

Uma ave sem nome desce donde não sei e vai pousar calada sobre a proa rigorosa do barco.

Imóvel, espero que toda a água se banhe de azul e que as aves digam nos ramos por que são altos os choupos e rumorosas as suas folhas.

Então, corpo de barco e de rio na dimensão do homem, sigo adiante para o fulvo remanso que as espadas verticais circundam.

Aí, três palmos enterrarei a minha vara até à pedra viva.

Haverá o grande silêncio primordial quando as mãos se juntarem às mãos.

Depois saberei tudo.

Ahora el cielo está más cerca y cambió de color.

Y todo él es verde y sonoro porque de rama en rama despierta el canto de las aves.

Y cuando en un ancho espacio el barco se detiene, mi cuerpo desnudo brilla bajo el sol, entre el esplendor mayor que enciende la superficie de las aguas.

Allí se funden en una sola verdad los recuerdos confusos de la memoria y el bulto súbitamente anunciado del futuro.

Un ave sin nombre baja de no sé dónde y va a posarse callada sobre la proa rigurosa del barco.

Inmóvil, espero que toda el agua se bañe de azul y que las aves digan en las ramas por qué son altos los chopos y rumorosas sus hojas.

Entonces, cuerpo de barco y de río en la dimensión del hombre, sigo adelante hasta el dorado remanso que las espadas verticales circundan.

Allí, tres palmos enterraré mi vara hasta la piedra viva.

Habrá un gran silencio primordial cuando las manos se junten con las manos.

Después lo sabré todo.

INCÊNDIO

Convoco o cheiro, a polpa sensitiva
Dos dedos curiosos e da boca,
Convoco a cor dos olhos, e os cabelos,
E o lume que neles há, e a voz rouca.

Convoco o grito, o espanto e o tremor,
O corpo recurvado, a violência,
O suor que arrefece, e o sorriso
Que te cobre de paz e inocência.

Reúno estas memórias. No meu sangue
As infundo e converto como brasas,
E ardo, violento: assim, ao vento,
Ardem de lés a lés searas rasas.

INCENDIO

Convoco el olor, la pulpa sensitiva
De los dedos curiosos y de la boca.
Convoco el color de los ojos, y el cabello,
Y la luz que desprenden, y la voz ronca.

Convoco el espanto, el grito y el temblor,
El cuerpo arqueado, la violencia,
El sudor que refresca y la sonrisa
Que te cubre de paz e inocencia.

Reúno estos recuerdos. En mi sangre
Los infundo, en brasas los convierto,
Y ardo, violento: así, al viento,
Arden de lado a lado mieses rasas.

OBRA DE FOGO

Lama, detrito, entulho, lixo e côdeas:
Onde estão as vassouras que me varram,
Onde estão as mangueiras, as lixívias,
Que me lavem dos escarros que me escarram?

Onde estão as purezas mais profundas,
As faces, que eram minhas, da vergonha,
A língua original, antes que fosse
A via da mentira e da peçonha?

Onde estão os meus olhos sem remela
E a brancura da alma, grave e nua?
Quem partiu os espelhos que falavam,
Quem me pôs espantalhos nesta rua?

Quem foi e quem sujou? Quem,
    e porquê?
Mas na funda estrumeira vai lavrando
Lento, seguro e oculto o grande incêndio
Que será a resposta do teu quando.

OBRA DE FUEGO

Escombro, detritus, lodo, basura y cáscaras:
¿Dónde están las escobas que me barran,
Dónde están las mangueras, la lejía
Que limpie los esputos que me ensucian?

¿Dónde están las purezas más profundas,
Los rostros, que eran míos, de la vergüenza,
La lengua original, antes de que fuese
Vía de la mentira y la ponzoña?

¿Dónde están mis ojos sin legañas,
La blancura del alma, grave y desnuda?
¿Quién ha roto los espejos que hablaban?
¿Quién me ha puesto espantajos en la calle?

¿Quién fue? ¿Quién me ha manchado? ¿Quién
    y por qué?
Pero en el hondo estercolero se va labrando
Lento, seguro y oculto el gran incendio
Que será la respuesta de tu cuando.

NEM SEMPRE A MESMA RIMA

Bem couraçado na pele
Não sou eu mas aparência
E se me rasgo e me mostro
Nem assim sou evidência

Porque os acertos de mim
São cartas de paciência
Baralho caído ao chão
Levantado sem prudência

Sobre a mesa verde-negra
Corre um jogo de demência
Passo corto pego e bato
Com um parceiro de ausência

Assim jogava e perdia
Que perder é uma ciência
A que a gente se habitua
Sem temor nem violência

Agora que o vento arrasta
As cartas e os vícios delas
Ficaram-me as mãos libertas
É manhã abro as janelas

NO SIEMPRE LA MISMA RIMA

Acorazado en la piel
No soy yo sino apariencia
Y si me rasgo y me muestro
Ni así soy evidencia

Que todos mis aciertos
Son cartas de paciencia
Baraja caída al suelo
Levantada sin prudencia

En la mesa verdinegra
Hay un juego de demencia
Corto robo arrastro
Del otro lado una ausencia

Así jugaba y perdía
Que perder es una ciencia
A la que uno se habitúa
Sin temor ni violencia

Ahora que el viento arrastra
Las cartas y sus fantasmas
Quedaron mis manos libres
Amanece abro ventanas

«ESTE MEU ROSTO»

Este meu rosto de sombra
Onde a luz me está nascendo
Não o nego

Animal sujo do fundo
Devagar à superfície veio imundo
Mas não cego

Roço o vitral que me assombra
Abro o chumbo e vou ardendo
Neste pego

«ESTE ROSTRO MÍO»

Este rostro mío de sombra
Donde la luz me está naciendo
No lo niego

Animal sucio del fondo
Lentamente a la superficie llegó inmundo
Pero no ciego

Rozo la vidriera que me asombra
Abro el plomo y voy ardiendo
En este piélago

«DUAS PEDRAS DE SAL»

Duas pedras de sal sobre a pupila;
Os punhos bem cerrados, apertando
As agudas arestas do cristal;
Vem-me sangue na água, laivo brando,
Navegando nos olhos, enquanto o grito
Bate forte nos dentes que o degolam.
Ao tempo que o sorriso me disfarça
O rosnar, a ameaça, o cão de fila.

«DOS PIEDRAS DE SAL»

Dos piedras de sal en la pupila:
Los puños bien cerrados, apretando
Las agudas aristas del cristal;
Me viene sangre en el agua, mancha blanda,
Navegando en los ojos, mientras el grito
Golpea fuerte en los dientes que lo degüellan:
Al tiempo que la sonrisa me disfraza
El gruñido, la amenaza, el perro malo.

«COMO UM VIDRO ESTALADO»

Como um vidro estalado. A quem me ler
Não direi, já agora, se esta imagem
Vem serena dos ramos que perderam
As folhas contra o céu, ou se mastigo
Qualquer raiva escondida.
Como doendo, ou sendo, ou mastigando,
Sejam rendas aéreas, alma ferida,
Fecho, brusco, o poema onde não digo.

«COMO UN CRISTAL QUEBRADO»

Como un cristal quebrado. A quien me lea
No le diré, ahora, si esta imagen
Viene serena de las ramas que perdieron
Sus hojas contra el cielo, o si mastico
Una rabia escondida.
Doliendo, o siendo, o masticando
Sean encajes aéreos, alma herida,
Cierro, brusco, el poema en donde no lo digo.

«Ó TRISTEZA DA PEDRA»

Ó tristeza da pedra, tão fechada
Na montanha da noite e na lonjura
Que a separa do rio.
Ó alma viajante sobre a espada,
Quanto mais adiante, mais escura,
No cortante do fio.

Ó meu corpo de torre e de palmeira,
Agora derrubado porque a força
Se verteu como o vinho.
Minha cama vazia, minha esteira,
Minha fonte queimada de que a corça
Já recusa o caminho.

Ó flor de três pétalas, trevo branco
Sobre a terra vermelha, fim do mundo
Quando o mundo começa.
Ó miséria sombria, pobre manco,
Do orvalho do trevo, agora imundo,
Faz um espelho e confessa.

«OH TRISTEZA DE LA PIEDRA»

Oh tristeza de la piedra, tan cerrada
En la montaña de la noche y en la lejanía
Que la separa del río.
Oh alma viajera sobre la espada,
Cuanto más adelante, más oscura
En el cortante filo.

Oh mi cuerpo de torre y de palmera,
Ahora derrumbado pues la fuerza
Se vertió como el vino.
Mi cama vacía, mi estera,
Mi fuente quemada a la que la corza
Ya le niega el camino.

Oh flor de tres pétalos, trébol blanco
Sobre la tierra roja, fin del mundo
Cuando el mundo comienza.
Oh miseria sombría, pobre manco,
Del rocío del trébol, ahora inmundo,
Haz un espejo y confiesa.

«DIGO PEDRA»

Digo pedra, esta pedra e este peso,
Digo água e a luz baça de olhos vazos,
Digo lamas milenárias das lembranças,
Digo asas fulminadas, digo acasos.

Digo terra, esta guerra e este fundo,
Digo sol e digo céu, digo recados,
Digo noite sem roteiro, interminada,
Digo ramos retorcidos, assombrados.

Digo pedra no seu dentro, que é mais cru,
Digo tempo, digo corda e alma frouxa,
Digo rosas degoladas, digo a morte,
Digo a face decomposta, rasa e roxa.

«DIGO PIEDRA»

Digo piedra, esta piedra y este peso,
Digo agua y luz opaca de ojos vacuos,
Digo lodos antiguos de recuerdos,
Digo alas fulminadas, digo azares.

Digo tierra, esta guerra y este fondo,
Digo sol y cielo, digo recados,
Digo noche sin rumbo, interminable,
Digo ramas retorcidas, asombradas.

Digo piedra en su dentro, que es más crudo,
Digo tiempo, digo cuerda y alma blanda,
Digo rosas degolladas, digo muerte,
Digo la cara descompuesta, morada, rasa.

«DISSEMOS, E PARTIMOS»

Dissemos, e partimos.
Ou quebra, ou movimento,
O sentido é ambíguo:
O reverso do rosto, o rudimento.

Sem melodia a frase e o compasso,
Porque o som é um mastro
Vertical
No deserto do astro.

Grande é o mundo, maior o universo,
Mais ainda se o digo.
Converso com o verso:
Sinal de que estou vivo, mas em perigo.

Se esta rosa é rosa em cheiro e em sentido,
É por causa do nome.
Mas o gosto do pão que foi mordido
Era o dente da fome.

Cá sentado no chão, entre formigas,
Numa ilha de nada,
Com um jardim de urtigas
E uma rosa cortada.

«DIJIMOS Y PARTIMOS»

Dijimos y partimos.
O quiebra, o movimiento.
El sentido es ambiguo:
El reverso del rostro, el rudimento.

Sin melodía la frase y el compás,
Que el sonido es un mástil
Vertical
En el desierto del astro.

Grande es el mundo, mayor el universo,
Más aún si lo digo.
Converso con el verso:
Señal de que estoy vivo, pero en peligro.

Si esta rosa es rosa en olor y en sentido,
Se lo debe a su nombre.
Pero el sabor del pan que fue mordido
Era el diente del hambre.

Aquí sentado en el suelo, entre hormigas,
En una isla de nada,
Con un jardín de ortigas
Y una rosa cortada.

ELEGIA À MODA ANTIGA

Nem tão tarde que me farte
Nem que me raive de cedo
Quando o mundo não tiver
Nada mais por descobrir

Quando o amor se acabar
Morra com ele o desejo
De ficar a ver as sobras
Os restos da vida cheia

Parado à beira do rio
Onde as águas não descansam
No outro lado milagres
E margens verdes eternas

Enterro os dedos no lodo
Quatrocentas gerações
Um grande sonho pairando
Enquanto o céu se carrega

Ai o destino dos homens
Ai o destino de mim
Corta-se a voz ao princípio
Tranca o soluço no fim

ELEGÍA A LA MANERA ANTIGUA

Ni tan tarde que me harte
Ni me enfurezca tan pronto
Cuando el mundo ya no tenga
Nada más por descubrir

Cuando el amor se acabe
Muera con él el deseo
De quedarse a ver las sobras
Lo que quedó de la vida

Parado a la vera del río
Donde las aguas no cesan
Al otro lado milagros
Y márgenes verdes eternas

Entierro los dedos en el lodo
Cuatrocientas generaciones
Un gran sueño pasado
Mientras el cielo oscurece

Ay el destino de los hombres
Ay el destino de mí
Se corta la voz al principio
Se atranca el sollozo al final

«TENHO A ALMA QUEIMADA»

Tenho a alma queimada
Por saliva de sapo
Fingindo que descubro
Tapo

A palavra me infecta
Sob a pele da aparência
Deito o certo remédio
Paciência

Neste mal não se vive
Mas também ninguém morre
Quando a ave não voa
Corre

Quem às estrelas não chega
Pode vê-las da terra
Quem não tem voz de cantar
Berra

«TENGO EL ALMA QUEMADA»

Tengo el alma quemada
Por saliva de sapo
Fingiendo que descubro
Tapo

La palabra me infecta
Bajo la piel de apariencia
Pongo remedio seguro
Paciencia

En este mal no se vive
Pero tampoco se muere
Cuando el ave no vuela
Corre

Quien no llega a las estrellas
Las puede ver desde la tierra
Quien no tiene voz para el canto
Berrea

«O POEMA É UM CUBO DE GRANITO»

O poema é um cubo de granito,
Mal talhado, rugoso, devorante.
Roço com ele a pele e o negro da pupila,
E sei que por diante
Tenho um rasto de sangue à minha espera
No caminho dos cães,
Em vez da primavera.

«EL POEMA ES UN CUBO DE GRANITO»

El poema es un cubo de granito,
Mal tallado, rugoso, insaciable.
Raspo con él la piel y la negra pupila,
Y sé que por delante
Tengo un rastro de sangre que me espera
En el camino de los perros,
En vez de primavera.

«CAMINHÁMOS SOBRE AS ÁGUAS»

Caminhámos sobre as águas como os deuses,
E fomos deuses.
Todo o arco do céu as nossas mãos traçaram,
E os traços lá ficaram.
Olhamos hoje a obra, cansados arquitectos:
Não são os nossos tectos.

«CAMINÁBAMOS SOBRE LAS AGUAS»

Caminábamos sobre las aguas como los dioses,
Y fuimos dioses.
Trazaron nuestras manos todo el arco del cielo,
Y los trazos allí quedaron.
Miramos hoy la obra, cansados arquitectos:
No son nuestros los techos.

«EU LUMINOSO NÃO SOU»

Eu luminoso não sou. Nem sei que haja
Um poço mais remoto, e habitado
De cegas criaturas, de histórias e assombros.
Se no fundo do poço, que é o mundo
Secreto e intratável das águas interiores,
Uma roda de céu ondulando se alarga,
Digamos que é o mar: como o rápido canto
Ou apenas o eco, desenha no vazio irrespirável
O movimento de asas. O musgo é um silêncio,
E as cobras-d'água dobram rugas no céu,
Enquanto, devagar, as aves se recolhem.

«YO LUMINOSO NO SOY»

Yo luminoso no soy. Ni sé que exista
Un pozo más remoto, y habitado
Por ciegas criaturas, por historias y asombros.
Si en el fondo del pozo, que es el mundo
Secreto e intratable de las aguas interiores,
Una rueda de cielo ondulando se ensancha,
Digamos que es el mar: como el rápido canto
O sólo el eco, dibuja en el vacío irrespirable
El movimiento de alas. El musgo es un silencio,
Y las culebras de agua se pliegan en el cielo,
Mientras lentas las aves se recogen.

«E SE VIER»

E se vier que traga o coração
No seu lugar de paz. Amor diremos,
Que outro nome melhor se não descobre.
Só a vida não diz quanto sabemos.

«Y SI VIENE»

Y si viene que traiga el corazón
En su lugar de paz. Amor diremos,
Que otro nombre mejor no se descubre.
Tan sólo la vida no dice cuanto sabemos.

«PASSO NUM GESTO»

Passo num gesto que eu sei
Deste mundo agoniado para o espaço
Onde sou quanto serei
No tempo que sobra escasso

No outro mundo sou rei
E o meu rosto de cristal e puro aço
É o espelho que forjei
Com suor pena e cansaço

E se o mundo que deixei
Tem as marcas desenhadas do meu passo
São baralhas que enredei
São teias e vidro baço

Tantas provas cá terei
Tantas vezes do pescoço solto o laço
Se me sagraram em rei
Aceitem a lei que eu faço

Vem a ser que o homem novo
Está na verdade que movo

«PASO EN UN GESTO»

Paso en un gesto que trazo
De este mundo agobiado para el espacio
Donde soy cuanto seré
En el tiempo que sobra escaso

En el otro mundo soy rey
Y mi rostro de cristal y puro acero
Es el espejo que forjé
Con sudor pena y cansancio

Y si el mundo que dejé
Tiene las huellas dibujadas de mi paso
Son enredos que tejí
Son telas y vidrio opaco

Aquí tendré tantas pruebas
Tantas veces del cuello suelta la soga
Si me consagraran rey
Acepten la ley que hago

Viene a ser que el hombre nuevo
Está en la verdad que muevo

«DISSERAM QUE HAVIA SOL»

Disseram que havia sol
Que todo o céu descobria
Que nas ramagens pousavam
Os cantos das aves loucas

Disseram que havia risos
Que as rosas se desdobravam
Que no silêncio dos campos
Se davam corpos e bocas

Mais disseram que era tarde
Que a tarde já descaía
Que ao amor não lhe bastavam
Estas nossas vidas poucas

E disseram que ao acento
De tão geral harmonia
Faltava a simples canção
Das nossas gargantas roucas

Ó meu amor estas vozes
São os avisos do tempo

«DIJERON QUE HABÍA SOL»

Dijeron que había sol
Que el cielo se descubría
Que en las ramas se posaba
El canto de las aves locas

Dijeron que había risas
Que las rosas se desdoblaban
Que en el silencio de los campos
Cuerpos y bocas se daban

Mas dijeron que era tarde
Que la tarde ya caía
Que al amor no le bastaban
Estas nuestras vidas pocas

Y dijeron que al acento
De tan general armonía
Le faltaba el simple canto
De nuestras gargantas roncas

Oh amor mío estas voces
Son los avisos del tiempo

«VENHAM ENFIM»

Venham enfim as altas alegrias.
As ardentes auroras, as noites calmas,
Venha a paz desejada, as harmonias,
E o resgate do fruto, e a flor das almas.
Que venham, meu amor, porque estes dias
São de morte cansada,
De raiva e agonias
E nada.

«QUE VENGAN FINALMENTE»

Que vengan finalmente las altas alegrías,
Las ardientes auroras, las noches calmas,
Que venga la paz deseada, la armonía,
Y el rescate del fruto, y la flor de las almas.
Que vengan, amor mío, porque estos días
Son de muerte cansada,
De rabias y agonías
Y nada.

«QUEM DIZ TEMPO»

Quem diz tempo diz lugar
Dizer hoje é o mesmo que
Dizer aqui onde estamos
Quando o porquê é porque

Por isso eu hoje antecipo
Mar fundo futuro monte
No ponto do amanhã
A hora do horizonte

Esta certeza me vem
Da incerteza dos passos
Dos descompassos do tempo
Dos braços noutros abraços

Porque o tempo e o lugar
Não eram ontem então
Eram circuitos em volta
E fusos de confusão

Mesmo o aqui deste agora
É por enquanto a parcela
Do lugar cierto e da hora
Que no lugar se revela

«QUIEN DICE TIEMPO»

Quien dice tiempo dice lugar
Decir hoy es lo mismo que
Decir aquí donde estamos
Cuando el porqué es porque

Por eso hoy adelanto
Mar hondo futuro monte
En el punto del mañana
La hora del horizonte

Esta certidumbre me viene
De la incertidumbre de los pasos
De los desórdenes del tiempo
De los brazos en otros abrazos

Porque el tiempo y el lugar
No eran ayer entonces
Eran circuitos en torno
Y husos de confusión

Aun el aquí de este ahora
Es de momento parcela
Del lugar cierto y de la hora
Que en el lugar se revela

Por isso eu hoje antecipo
Mar fundo futuro monte
A hora do amanhã
No ponto do horizonte

Por eso hoy adelanto
Mar hondo futuro monte
La hora del mañana
En el punto del horizonte

A PONTE

Vidraças que me separam
Do vento fresco da tarde
Num casulo de silêncio
Onde os segredos e o ar
São as traves duma ponte
Que não paro de lançar

Fica-se a ponte no espaço
À espera de quem lá passe
Que o motivo de ser ponte
Se não pára a construção
Vai muito mais da vontade
De estarem onde não estão

Vem a noite e o seu recado
Sua negra natureza
Talvez a lua não falte
Ou venha a chuva de estrelas
Basta que o sono consinta
A confiança de vê-las

Amanhã o novo dia
Se o merecer e me for dado
Um outro pilar da ponte

EL PUENTE

Cristales que me separan
Del viento fresco de la tarde
En un capullo de silencio
Donde los secretos y el aire
Son las vigas de un puente
Que no paro de tender

El puente se queda en el espacio
Aguardando a quien pase
Que el motivo de ser puente
Si no cesa la construcción
Va mucho más del deseo
De estar donde no están

Viene la noche y su recado
Su negra naturaleza
La luna quizá no falte
O venga la lluvia de estrellas
Basta que el sueño permita
La confianza de verlas

Mañana el nuevo día
Si lo merezco y me es dado
Del puente un otro pilar

Cravado no fundo mar
Torna mais breve a distância
Do que falta caminhar

Há sempre um ponto de mira
O mais comum horizonte
Nunca as pontes lá chegaram
Porque acaba o construtor
Antes que a ponte se entronque
Onde se acaba o transpor

Sobre o vazio do mar
Desferc o traço da ponte
Vá na frente a construção
Não perguntem de que serve
Esta humana teimosia
Que sobre a ponte se atreve

Abro as vidraças por fim
E todo o vento se esquece
Nenhuma estrela caiu
Nem a lua me ajudou
Mas a ruiva madrugada
Por trás da ponte aparece

Clavado en el fondo del mar
Acortará la distancia
Que aún queda por andar

Hay siempre un punto de mira
El más común horizonte
Donde no llegan los puentes
Porque acaba el constructor
Antes que el puente se una
Donde el destino la lleva

Sobre el vacío del mar
Dispara el trazo del puente
Va delante la construcción
No pregunten de qué sirve
Esta humana terquedad
Que sobre el puente se atreve

Abro por fin los cristales
Y todo el viento se olvida
Ninguna estrella ha caído
Ni me ha ayudado la luna
La rojiza madrugada
Detrás del puente aparece

NOITE BRANCA

Sírio brilha no alto. Sobre o rio
O silêncio do fundo se difunde.
As colunas doiradas que sustentam
A terra luminosa, como estátuas sagradas,
São labaredas de água.
Duas sombras perdidas na fogueira,
Dois murmúrios de mágoa.
Esta hora é nocturna e verdadeira:
Sírio julga do alto, enquanto as sombras,
Confundidas de espanto e de miséria,
Se calam para ouvir nas águas calmas
A palavra e o canto.

NOCHE BLANCA

Sirio brilla en lo alto. Sobre el río
El silencio del fondo se difunde.
Las columnas doradas que sostienen
La tierra luminosa, como estatuas sagradas,
Son llamaradas de agua.
Dos sombras perdidas en la hoguera,
Dos murmullos de pena.
Esta hora es nocturna y verdadera:
Sirio juzga desde lo alto, mientras las sombras,
Entre asombro y miseria confundidas,
Se callan para oír en las aguas serenas
La palabra y el canto.

«AQUI A PEDRA CAI»

Aqui a pedra cai com outro som
Porque a água é mais densa, porque o fundo
Tem assento e firmeza sobre os arcos
Da fornalha da terra.
Aqui reflecte o sol, e tange à superfície
Uma ruiva canção que o vento espalha.
Nus, na margem, acendemos convulsos
A fogueira mais alta.
Nascem aves no céu, os peixes brilham,
Toda a sombra se foi, que mais nos falta?

«AQUÍ LA PIEDRA CAE»

Aquí la piedra cae con sonido distinto
Porque el agua es más densa, porque el fondo
Se asienta firmemente en los arcos
Del horno de la tierra.
Aquí se refleja el sol y roza la superficie
Una rojiza canción que el viento esparce.
Desnudos, en la orilla, encendemos convulsos
La hoguera más alta.
Nacen aves en el cielo, los peces brillan,
Toda la sombra se fue, ¿qué más nos falta?

HORA

Vou no caminho esparso, à luz difusa
Do longo amanhecer: o sol não falta
Ao encontro marcado no silêncio
Da noite que se afasta.
A certeza do sol, a madrugada,
O meu corpo de terra, descoberto
Nesta rosa doirada que da morte
Traz a vida tão perto.

HORA

Voy por el camino extendido, bajo la luz difusa
Del largo amanecer: el sol no falta
Al encuentro fijado en el silencio
De la noche que se aparta.
La certeza del sol, la madrugada,
Mi cuerpo de tierra, descubierto
En esta rosa dorada que de la muerte
Trae la vida tan cerca.

«ASSENTE EM ÁGUA E FOGO»

Assente em água e fogo, orbitada
Na vertigem do espaço, a terra densa
Ultrapassa a palavra que a nomeia.

«ASENTADA EN AGUA Y FUEGO»

Asentada en agua y fuego, en órbita
En el vértigo del espacio, la tierra densa
Traspasa la palabra que la nombra.

MÚSICA

Grave som de alegria, o violoncelo
Passa lento na alma, em ela freme:
Murmuremos então ao corpo duplo,
Às bocas e às mãos, e aos desmaios,
Às secretas pesquisas que não temem
Nem vergonha, nem dor, nem a verdade:
É isto amor, um arco de alegria
Sobre a corda retensa do orgasmo.

MÚSICA

Grave son de alegría, el violonchelo
Pasa lento en el alma, y en ella vibra:
Murmuremos entonces al cuerpo doble,
A las bocas y manos, a los desmayos,
A las secretas búsquedas que no temen
Ni vergüenza, ni dolor, ni la verdad:
Esto es amor, un arco de alegría
Sobre la cuerda tensa del orgasmo.

«LA NO CENTRO DO MAR»

Lá no centro do mar, lá nos confins
Onde nascem os ventos, onde o sol
Sobre as águas doiradas se demora;
Lá no espaço das fontes e verduras,
Dos brandos animais, da terra virgem,
Onde cantam as aves naturais:
Meu amor, minha ilha descoberta,
É de longe, da vida naufragada,
Que descanso nas praias do teu ventre,
Enquanto lentamente as mãos do vento,
Ao passar sobre o peito e as colinas,
Erguem ondas de fogo em movimento.

«ALLÁ EN EL CENTRO DEL MAR»

Allá en el centro del mar, allá en los confines
Donde nacen los vientos, donde el sol
Sobre las aguas doradas se demora;
Allá en el espacio de fuentes y verdor,
De mansos animales, de tierra virgen,
Donde cantan las aves naturales:
Amor mío, mi isla descubierta,
Es de lejos, de la vida naufragada,
Que descanso en las playas de tu vientre,
Mientras lentamente las manos del viento,
Pasando sobre el pecho y las colinas,
Alzan olas de fuego en movimiento.

«TEU CORPO DE TERRA E ÁGUA»

Teu corpo de terra e água
Onde a quilha do meu barco
Onde a relha do arado
Abrem rotas e caminho

Teu ventre de seivas brancas
Tuas rosas paralelas
Tuas colunas teu centro
Teu fogo de verde pinho

Tua boca verdadeira
Teu destino minha alma
Tua balança de prata
Teus olhos de mel e vinho

Bem que o mundo não seria
Se o nosso amor lhe faltasse
Mas as manhãs que não temos
São nossos lençóis de linho

«TU CUERPO DE TIERRA Y AGUA»

Tu cuerpo de tierra y agua
Donde la quilla de mi barco
Donde la reja del arado
Abren rutas y caminos

Tu vientre de savias blancas
Tus rosas paralelas
Tus columnas tu centro
Tu fuego de verde pino

Tu boca verdadera
Tu destino mi alma
Tu balanza de plata
Tus ojos de miel y vino

Así que el mundo no sería
Si nuestro amor le faltase
Pero las mañanas que no tenemos
Son nuestras sábanas de lino

ÁGUA AZUL

Altos segredos escondem dentro de água
O reverso da carne, corpo ainda.
Como um punho fechado ou um bastão,
Abro o líquido azul, a espuma branca,
E por fundos de areia e madrepérola,
Desço o véu sobre os olhos assombrados.

(Na medida do gesto, a largueza do mar
E a concha do suspiro que se enrola.)

Vem a onda de longe, e foi um espasmo,
Vem o salto na pedra, outro grito:
Depois a água azul desvenda as milhas,
Enquanto um longo, e longo, e branco peixe
Desce ao fundo do mar onde nascem as ilhas.

AGUA AZUL

Altos secretos dentro del agua se esconden
El reverso de la carne, cuerpo aún.
Como un puño cerrado o un bastón,
Abro el líquido azul, la espuma blanca,
Y por fondos de arena y madreperlas,
Bajo el velo sobre los ojos asombrados.

(En la medida del gesto, la anchura del mar
Y el nácar del suspiro que se enrosca.)

Viene la ola de lejos, y fue un espasmo,
Viene el salto en la piedra, otro grito:
Después el agua azul descubre las millas,
Mientras un largo y largo y blanco pez
Baja al fondo del mar donde nacen las islas.

«DISPOSTOS EM CRUZ»

Dispostos em cruz desfeitos em cruz
Em cada caminho três portas fechadas
Um vento de faca um resto de luz
O espanto da morte nas águas cortadas

Um corpo estendido um ramo de frutos
Um travo na boca da boca do outro
O branco dos olhos o negro dos lutos
O grito o relincho e o dente do potro

As feridas do vento as portas abertas
Os cantos da boda no ventre macio
As notas do canto nas linhas incertas
E o lago do sangue ao largo do rio

O céu descoberto da nuvem da chuva
E o grande arco-íris na gota de esperma
O espelho e a espada o dedo e a luva
E a rosa florida na borda na berma

E a luz que se expande no pino do verão
E o corpo encontrado no corpo disperso
E a força do punho na palma da mão
E o espanto da vida na forma do verso

«DISPUESTOS EN CRUZ»

Dispuestos en cruz deshechos en cruz
En cada camino tres puertas cerradas
Un viento cortante un resto de luz
El espanto de la muerte en el agua cortada

Un cuerpo extendido una rama con frutas
Un amargor en la boca de la boca del otro
El blanco de los ojos el negro de los lutos
El grito y el relincho y el diente del potro

Las heridas del viento las puertas abiertas
Los cantos de la boda en el vientre suave
Las notas del canto en las líneas inciertas
Y el lago de sangre a lo ancho del río

El cielo descubierto sin nubes de lluvia
Y el gran arco iris en la gota de esperma
El espejo y la espada el dedo y el guante
La rosa florecida allá en la orilla

Y la luz que se expande en el pino del verano
Y el cuerpo encontrado en el cuerpo disperso
Y la fuerza del puño en la palma de la mano
Y el pasmo de la vida en la forma del verso

VOTO

Cada verso uma pedra. Que o poema
Seja mais alicerce que muralha.
Que debaixo da terra se reforcem
As palavras, as minas e as fontes.

Que a paisagem se esqueça e se retire.
Que do espaço não falem outras vozes.
Que se faça silêncio entre os terrestres,
Enquanto outros anúncios se preparam.

Que tudo recomece em lento parto,
Sem cor e sem perfume. As rosas, não.
Mas um dorso de pedra que se arranque
Do poema profundo, dos ossos, do chão.

VOTO

Cada verso una piedra. Que el poema
Ha de ser más cimiento que muralla.
Que bajo la tierra se refuercen
Las palabras, las minas y las fuentes.

Que el paisaje se olvide y se retire.
Que del espacio no hablen otras voces.
Que se haga el silencio entre los terrestres,
Mientras otros anuncios se preparan.

Que todo se reinicie en lento parto,
Sin color ni perfume. Las rosas, no.
Sino un dorso de piedra que se arranque
Del poema profundo, de los huesos, del suelo.

MADRIGAL

Foi milagre? Ideia louca.
Mas que mais posso dizer
Desta profunda alegria
De ver a alma aparecer
No riso da tua boca?

Ainda se fosse a tua,
Entendia,
Mas a minha que faz lá?
Parece um caso da lua
(Tais coisas não são de cá)
Andar-me a alma contigo:
Foi milagre. Bem o digo.

MADRIGAL

¿Fue milagro? Idea loca.
¿Pero qué puedo decir
De esta profunda alegría
De ver el alma surgir
En la risa de tu boca?

Aunque si fuese la tuya,
Lo entendería.
¿Mas la mía qué hace ahí?
Parece un hechizo de luna
(Cosas que no son de aquí)
Que mi alma ande contigo:
Fue milagro. Bien lo digo.

ALEGRIA

Já ouço gritos ao longe
Já diz a voz do amor
A alegria do corpo
O esquecimento da dor

Já os ventos recolheram
Já o verão se nos oferece
Quantos frutos quantas fontes
Mais o sol que nos aquece

Já colho jasmins e nardos
Já tenho colares de rosas
E danço no meio da estrada
As danças prodigiosas

Já os sorrisos se dão
Já se dão as voltas todas
Ó certeza das certezas
Ó alegria das bodas

ALEGRÍA

Ya oigo gritos a lo lejos
Ya dice la voz del amor
La alegría del cuerpo
El olvido del dolor

Los vientos se han recogido
Y el verano se nos ofrece
Cuántos frutos cuántas fuentes
Y el sol que nos calienta

Ya cojo jazmines y nardos
Ya tengo collares de rosas
Y bailo en medio del camino
Las danzas prodigiosas

Ya se ofrecen las sonrisas
Ya se dan las vueltas todas
Oh certeza de las certezas
Oh alegría de las bodas

«VIAJO NO TEU CORPO»

Viajo no teu corpo. Só teu corpo?
Mas quão breve seria essa viagem
Se no limite dela a alma nua
Não me desse do corpo a certa imagem.

«VIAJO EN TU CUERPO»

Viajo en tu cuerpo. ¿Sólo en tu cuerpo?
Pero qué breve sería ese viaje
Si en su límite el alma desnuda
No me diese del cuerpo su exacta imagen.

«MINHA ÁGUA LUSTRAL»

Minha água lustral, meu claro rio,
Minha barca de sonhos e verdades,
Minha pedra de céu e rocha-mãe,
Meu regaço de azul no fim da tarde.

«MI AGUA LUSTRAL»

Mi agua lustral, mi claro río,
Mi barca de sueños y verdades,
Mi piedra de cielo y roca madre,
Mi regazo de azul al caer la tarde.

«BRANCO O TEU PEITO»

Branco o teu peito, ou sob a pele doirado?
E. os agudos cristais, ou rosas encrespadas
Como acesos sinais na fortuna do seio?
Que morangos macios, que sede inconformada,
Que vertigem nas dunas que se alteiam
Quando o vento do sangue dobra as águas
E em brancura vogamos, mortos de oiro.

«BLANCO TU PECHO»

¿Blanco tu pecho o bajo la piel dorado?
¿Y los agudos cristales o rosas encrespadas
Como encendidas señales en la fortuna del seno?
Qué fresas maduras, qué sed no resignada,
Qué vértigo en las dunas que se alzan
Cuando el viento de la sangre dobla el agua
Y en blancura bogamos, muertos de oro.

«PALMA COM PALMA»

Palma com palma,
Coração e coração, e gosto de alma
No mais fundo do corpo revelado.
Já a pele não separa, que as palavras
São espelhos rigorosos da verdade
E todas se articulam deste lado.
Linhas mestras da mão abram caminho
Onde possam caber os passos firmes
Da rainha e do rei desta cidade.

«PALMA CON PALMA»

Palma con palma,
Corazón y corazón, y sabor de alma
En lo más hondo del cuerpo revelado.
Ya la piel no separa, las palabras
Son los espejos rigurosos de la verdad
Y todas se articulan de este lado.
Líneas maestras de la mano abren camino
Donde pueden caber los pasos firmes
De la reina y del rey de esta ciudad.

EL AÑO DE 1993

O ANO DE 1993

porque scprevendo homem do que nom he çerto, ou contara mais curto do que foi, ou fallara mais largo do que deve; mas mentira em este volume, he muito afastada da nossa voomtade.

FERNÃO LOPES

Mais il me semble que ta voix est moins rauque, et que tu parles plus librement.

DIDEROT

1

As pessoas estão sentadas numa paisagem de Dali com as sombras muito recortadas por causa de um sol que diremos parado

Quando o sol se move como acontece fora das pinturas a nitidez é menor e a luz sabe muito menos o seu lugar

Não importa que Dali tivesse sido tão mau pintor se pintou a imagem necessária para os dias de 1993

Este dia em que as pessoas estão sentadas na paisagem entre dois prumos de madeira que foram uma porta sem paredes para cima e para os lados

Não há portanto casa nem sequer a porta que poderia não abrir precisamente por não haver para onde abrir

Apenas o vazio da porta e não a porta

1

Las personas están sentadas en un paisaje de Dalí con las sombras muy recortadas por causa de un sol que diremos parado

Cuando el sol se mueve como ocurre fuera de las pinturas la nitidez es menor y la luz sabe mucho menos su lugar

No importa que Dalí hubiera sido tan mal pintor si pintó la imagen necesaria para los días de 1993

Este día en que las personas están sentadas en el paisaje entre dos listones verticales de madera que fueron una puerta sin paredes por encima y por los lados

No hay por tanto casa ni siquiera la puerta que podría no abrir precisamente porque no hay hacia dónde abrir

Tan sólo el vacío de la puerta y no la puerta

E as pessoas não se sabe quantas não foram con-
tadas devem ser ao menos duas porque conversam
levantam as golas dos casacos para se defenderem
do frio

E dizem que o inverno do ano passado foi mui-
to mais doce ou suave ou benigno embora a pa-
lavra seja antiga cm 1993

Enquanto falam e dizem coisas importantes co-
mo esta

Uma das pessoas vai riscando no chão uns tra-
ços enigmáticos que tanto podem ser um retrato
como uma declaração de amor ou a palavra que
faltasse inventar

Vê-se agora que o sol afinal não estava parado e
portanto a paisagem é muito menos daliniana do
que ficou dito na primeira linha

E uma sombra estreita e comprida que é talvez
de uma pedra aguda espetada no chão ou de um
prumo distante de porta que já perdeu companhia
e por isso não atrai as pessoas

Uma sombra estreita e comprida toca no de-
do que risca a poeira do chão e começa a devo-
rá-lo

Y las personas no se sabe cuántas no han sido contadas deben ser al menos dos porque conversan se levantan las solapas de los abrigos para defenderse del frío

Y dicen que el invierno del año pasado fue mucho más dulce o suave o benigno aunque la palabra esté anticuada en 1993

Mientras hablan y dicen cosas importantes como ésta

Una de las personas va dibujando en el suelo unos trazos enigmáticos que tanto pueden ser un retrato como una declaración de amor o la palabra que faltaba por inventar

Ahora se ve que el sol finalmente no estaba parado y por tanto el paisaje es mucho menos daliniano de lo que se dijo en la primera línea

Y una sombra estrecha y larga que es tal vez la de una piedra aguda clavada en el suelo o la de un listón lejano de puerta que ya perdió compañía y por eso no atrae a la gente

Una sombra estrecha y larga toca en el dedo que marca el polvo del suelo y empieza a devorarlo

Devagar passando aos ossos do metacarpo e depois subindo pelo braço devorando

Enquanto algumas pessoas continuam a conversar

E esta se cala porque tudo isto acontece sem dor e enquanto a noite desce

Poco a poco pasando a los huesos del metacar-
pio y después subiendo por el brazo devorando

Mientras algunas personas siguen conversando

Y ésta se calla porque todo esto ocurre sin dolor
y mientras la noche cae

2

Os habitantes da cidade doente de peste estão reunidos na praça grande que assim ficou conhecida porque todas as outras se atulharam de ruínas

Foram tirados das suas casas por uma ordem que ninguém ouviu

Porém segundo estava escrito em lendas antiquíssimas haveria vozes vindas do céu ou trombetas ou luzes extraordinárias e todos quiseram estar presentes

Alguma coisa podia talvez suceder no mundo antes do triunfo final da peste nem que fosse uma peste maior

Ali estão pois na praça angustiados e em silêncio à espera

E depois nada mais se ouve que uma aérea e delicada música de cravo

Qualquer fuga composta há duzentos e cinquenta anos por João Sebastião Bach em Leipzig

2

Los habitantes de la ciudad enferma de peste están reunidos en la plaza mayor que así fue conocida porque todas las demás se transformaron en ruinas

Fueron sacados de sus casas por una orden que nadie oyó

Sin embargo según estaba escrito en leyendas antiquísimas habría voces llegadas del cielo o trompetas o luces extraordinarias y todos quisieron estar presentes

Tal vez algo podía suceder en el mundo antes del triunfo final de la peste aunque fuese una peste mayor

Allí están pues en la plaza angustiados y en silencio esperando

Y luego no se oye otra cosa que una aérea y delicada música de clave

Una fuga compuesta hace doscientos cincuenta años por Juan Sebastián Bach en Leipzig

É então que os homens e as mulheres sem esperança se deixam cair no pavimento estalado da praça

Enquanto a música se afasta e voa sobre os campos devastados

Es entonces cuando los hombres y las mujeres sin esperanza se dejan caer en el pavimento rajado de la plaza

Mientras la música se aleja y vuela sobre los campos devastados

3

O elevador deixou de funcionar não se sabe quando mas a escada ainda serve

O que está para cima não importa do rés-do-chão ao vigésimo andar é senhorio do vento e das poucas aves que sobreviveram

Embora se afirme que em um dos milhares de compartimentos do edifício uma mulher ainda não parou o mais longo gemido da história do mundo

E também se diz que em outro dos compartimentos um homem aguarda que lhe cresçam as unhas o suficiente

Para espetando-as nos olhos chegar com elas ao côncavo do outro lado do crânio até porventura fazer calar o gemido invisível e abrir novos olhos para um mundo atrás deste

Mas o caminho por enquanto é para baixo menos um menos dois menos três ditos caves ou subterrâneos ou casas-fortes

3

El ascensor dejó de funcionar no se sabe cuándo pero la escalera aún sirve

Lo que está por encima no importa del bajo al vigésimo piso es señorío del viento y de las pocas aves que han sobrevivido

Aunque se afirme que en uno de los miles de compartimientos del edificio una mujer aún no ha concluido el más largo gemido de la historia del mundo

Y también se dice que en otro de los compartimientos un hombre aguarda que le crezcan las uñas lo suficiente

Para atravesándose los ojos llegar con ellas a lo cóncavo del otro lado del cráneo hasta hacer callar acaso el gemido invisible y abrir nuevos ojos a un mundo detrás de éste

Mas el camino entretanto es hacia abajo menos uno menos dos menos tres dichos sótanos o subterráneos o cajas fuertes

Entre o primeiro e o segundo o elevador mostra o que resta do contínuo e do director principal

Ainda que não seja possível distinguir um do outro nem perguntando

Por acaso ficaram todas as portas abertas ou tiveram forças para se abrirem no último momento que lhes restara para isso

Razão por que podemos perceber sem necessidade de melhor lição a diferença entre riqueza mobiliária e riqueza imobiliária

Pelos corredores e salas reforçadas consoante as correntes de ar as notas voam com aquele rumor que fazem as folhas secas quando roçam umas nas outras

Enquanto os lingotes de ouro brilham sob uma luz que misteriosamente não se apagou

Como uma espécie de podridão fosforescente e venenosa

Entre el primero y el segundo el ascensor muestra lo que queda del ujier y del director principal

Aunque no sea posible distinguir uno del otro ni preguntando

Casualmente se quedaron todas las puertas abiertas o tuvieron fuerzas para abrirse en el último momento que les quedaba para eso

Razón por la que podemos darnos cuenta sin necesidad de mejor lección de la diferencia entre riqueza mobiliaria y riqueza inmobiliaria

Por los corredores y salas reforzadas conforme a las corrientes de aire los billetes vuelan con ese rumor que hacen las hojas secas cuando rozan unas con otras

Mientras los lingotes de oro brillan bajo una luz que misteriosamente no se ha apagado

Como una especie de podredumbre fosforescente y venenosa

4

O interrogatório do homem que saiu de casa depois da hora de recolher começou há quinze dias e ainda não acabou

Os inquiridores fazem uma pergunta em cada sessenta minutos vinte e quatro por dia e exigem cinquenta e nove respostas diferentes para cada uma

É um método novo

Acreditam que é impossível não estar a resposta verdadeira entre as cinquenta e nove que foram dadas

E contam com a perspicácia do ordenador para descobrir qual delas seja e a sua ligação com as outras

Há quinze dias que o homem não dorme nem dormirá enquanto o ordenador não disser não preciso de mais ou o médico não preciso de tanto

Caso em que terá o seu definitivo sono

4

El interrogatorio del hombre que salió de casa
después de la hora de recogida comenzó hace quin-
ce días y aún no ha acabado

Los inquisidores hacen una pregunta cada se-
senta minutos veinticuatro por día y exigen cin-
cuenta y nueve respuestas diferentes para cada una

Es un método nuevo

Creen que es imposible que no esté la respues-
ta cierta entre las cincuenta y nueve que se die-
ron

Y cuentan con la perspicacia del ordenador pa-
ra descubrir cuál de ellas es y su relación con las
demás

Hace quince días que el hombre no duerme ni
dormirá mientras el ordenador no diga no nece-
sito más o el médico no necesito tanto

Caso en que tendrá su sueño definitivo

O homem que saiu de casa depois da hora de recolher não dirá por que saiu

E os inquiridores não sabem que a verdade está na sexagésima resposta

Entretanto a tortura continua até que o médico declare

Não vale a pena

El hombre que salió de casa después de la hora
de la recogida no dirá por qué salió

Y los inquisidores no saben que la verdad está
en la sexagésima respuesta

Entretanto la tortura continúa hasta que el mé-
dico declare

No vale la pena

5

A cidade que os homens deixaram de habitar
está agora sitiada por eles

Não deve passar em claro o exagero que há na
palavra sitiada

Como exagero haveria na palavra cercada ou
outra qualquer sinónima sem querer levantar a de-
batida questão da sinonimia perfeita

Os homens estão apenas em redor da cidade tão
incapazes de entrarem nela como de se afastarem
para longe definitivamente

São como borboletas da noite atraídas não
pelas luzes da cidade que já se apagaram há mui-
to

Mas pelo perfil desarticulado dos telhados e das
empenas e também pela rede impalpável das ante-
nas da televisão

De dia uma enorme ausência guarda as portas
da cidade

La ciudad que los hombres dejaron de habitar
está ahora sitiada por ellos

No se debe pasar por alto la exageración que
hay en la palabra sitiada

Como exageración habría en la palabra cercada
o en cualquier otra sinónima sin querer animar la
debatida cuestión de la sinonimia perfecta

Los hombres están sólo alrededor de la ciudad
tan incapaces de entrar en ella como de alejarse
definitivamente

Son como mariposas de la noche atraídas no
por las luces de la ciudad que ya se borraron desde
hace mucho

Sino por el perfil desarticulado de los tejados y
de los entablamentos y también por la red impal-
pable de las antenas de televisión

De día una enorme ausencia guarda las puertas
de la ciudad

E as ruas têm aquele excesso de silêncio que há no que foi habitado e agora não

Na cidade apenas vivem os lobos

Deste modo se tendo invertido a ordem natural das coisas estão os homens fora e os lobos dentro

Nada acontece antes da noite

Então saem os lobos a caçar os homens e sempre apanham algum

O qual entra enfim na cidade deixando por onde passa um regueiro de sangue

Ali onde em tempos mais felizes combinara com parentes e amigos almoços intrigas calúnias

E caçadas aos lobos

Y las calles tienen ese exceso de silencio que
hay en lo que fue habitado y ahora no

En la ciudad tan sólo viven los lobos

De este modo habiéndose invertido el orden
natural de las cosas están los hombres fuera y los
lobos dentro

Nada ocurre antes de la noche

Entonces salen los lobos a cazar a los hombres
y siempre logran alguno

El cual entra finalmente en la ciudad dejando
por donde pasa un reguero de sangre

Allí donde en tiempos más felices dispusiera con
parientes y amigos almuerzos intrigas calumnias

Y cacerías de lobos

6

Nenhum lugar é suficientemente belo na terra para que doutro lugar nos desloquemos a ele

Mas uma razão haverá para que a todas as horas do dia venham andando grupos de pessoas na direcção da rua das estátuas

Estão dispensados os roteiros e os mapas uma vez que todos os caminhos vêm dar a esta rua e não a Roma onde ainda hoje não faltam as estátuas mas nenhuma que a estas se compare

Não é difícil chegar basta olhar o chão e seguir sempre pelos caminhos mais pisados também reconhecíveis pelas duas alas de excrementos que os ladeiam

O sol resseca-os rapidamente e se a chuva os desfaz nunca tanto que restitua o chão a uma qualquer virgindade

O homem aprendeu enfim a orientar-se sem bússola chega-lhe passar por onde outro homem passou antes

6

Ningún lugar es lo suficientemente hermoso en la tierra para que desde otro lugar nos desplacemos a él

Pero alguna razón habrá para que a todas las horas del día vengan andando grupos de personas en dirección a la calle de las estatuas

No son necesarios los callejeros ni los mapas una vez que todos los caminos vienen a dar a esta calle y no a Roma donde aún hoy no faltan las estatuas pero ninguna que a éstas se compare

No es difícil llegar basta mirar el suelo y seguir siempre por los caminos más pisados también reconocibles por las dos alas de excrementos que los flanquean

El sol los reseca rápidamente y si la lluvia los deshace nunca tanto que devuelva al suelo cierta virginidad

El hombre aprendió finalmente a orientarse sin brújula le basta pasar por donde otro hombre pasó antes

As pessoas vão conversando numerosamente e de vez em quando uma separa-se do grupo e vai agachar-se ao lado

Enquanto os outros se afastam devagar atrasando o passo para que não fique para trás aquele que assinalará o caminho

Passado o último horizonte é que está a rua das estátuas

Nenhum excremento nas imediações

E eis que cinquenta estátuas de cada lado incrivelmente brancas mas a que os jogos das luzes e das sombras alternadas fazem mover os membros e as feições

Mostram a quem passa vindo de longe como poderiam ter sido os homens

Pois há motivos para pensar que nunca foram assim

Las personas van conversando ruidosamente y de vez en cuando alguna se separa del grupo y se agacha al lado

Mientras los demás se apartan despacio retardando el paso para que no quede atrás aquel que señalará el camino

Pasado el último horizonte es donde está la calle de las estatuas

Ningún excremento en las inmediaciones

Y he aquí que cincuenta estatuas de cada lado increíblemente blancas pero a las que los juegos alternos de luces y de sombras hacen mover sus miembros y sus facciones

Muestran a quien pasa viniendo de lejos cómo podrían haber sido los hombres

Pues hay motivos para pensar que nunca fueron así

7

O comandante das tropas de ocupação tem um feiticeiro no seu estado-maior

Mas o sentido da honra militar embora condescendente noutros casos sempre o impediu de utilizar esses poderes sobrenaturais para ganhar batalhas

O feiticeiro apenas intervém quando ao comandante das tropas de ocupação apraz usar o chicote

Nessas ocasiões saem ambos para os arredores da cidade e postos num ponto alto convoca o mágico os poderes ocultos e por eles reduz a cidade ao tamanho de um corpo humano

Então o comandante das tropas de ocupação faz estalar três vezes a ponta para habituar o braço e logo a seguir chicoteia a cidade até se cansar

O feiticeiro que entretanto assistira respeitosamente afastado apela para os poderes ocultos contrários e a cidade torna ao seu tamanho natural

7

El comandante de las tropas de ocupación tiene un hechicero en su estado mayor

Pero el sentido del honor militar aunque condescendiente en otros casos siempre le impidió utilizar esos poderes sobrenaturales para ganar batallas

El hechicero tan sólo interviene cuando al comandante de las tropas de ocupación le place usar el látigo

En esas ocasiones salen ambos a los alrededores de la ciudad y puestos en un punto alto convoca el mago los poderes ocultos y por ellos reduce la ciudad al tamaño de un cuerpo humano

Entonces el comandante de las tropas de ocupación hace estallar tres veces la punta para habituar el brazo y enseguida fustiga la ciudad hasta cansarse

El hechicero que entretanto había asistido respetuosamente apartado apela a los poderes ocultos contrarios y la ciudad vuelve a su tamaño natural

Sempre que isto acontece os habitantes ao encontrarem-se nas ruas perguntam uns aos outros que sinais são aqueles de chicotadas na cara

Quando tão seguros estão de que ninguém os chicoteou nem tal consentiriam

Siempre que esto ocurre los habitantes al encontrarse en las calles se preguntan unos a otros qué señales son ésas de latigazos en la cara

Cuando tan seguros están de que nadie los fustigó ni tal consentirían

Está determinado que hoje se travará uma grande batalha e não obstante o número de mortos previsto assim se fará

Nunca a certeza dos mortos evitou uma guerra muito menos em 1993 quando os escrúpulos não são prisão e impedimento

Não os têm os perseguidores aos perseguidos aconselha-se que os não tenham

Mas só no fim da batalha o como vai saber-se porque a contagem dos mortos será contra o costume repartida pelos dois campos

Apenas porque o ódio entrou enfim no corpo das mulheres

Será visto que estando mortos os homens perseguidos os perseguidores hão-de de violá-las conforme mandam as imemoriais regras da guerra

Já tudo isto aconteceu infinitas vezes tantas que violação se não deve dizer pelo contrário entrega

Está determinado que hoy se librará una gran batalla y no obstante el número de muertos previsto así se hará

Nunca la certidumbre de los muertos evitó una guerra mucho menos en 1993 cuando los escrúpulos no son prisión e impedimento

No los tienen los perseguidores a los perseguidos se aconseja que no los tengan

Pero sólo al final de la batalla el cómo va a saberse porque el recuento de los muertos será contra la costumbre repartido por los dos campos

Tan sólo porque el odio entró finalmente en el cuerpo de las mujeres

Se verá que estando muertos los hombres perseguidos los perseguidores han de violarlas conforme mandan las inmemoriales reglas de la guerra

Ya todo esto ocurrió infinitas veces tantas que violación no debe decirse sino al contrario entrega

Por isso a longa fileira das mulheres deitadas espera com indiferença que é simulada a penetração dos perseguidores

Elas mesmas levantaram as roupas e oferecem à luz do sol e aos olhos as vulvas húmidas

Silenciosamente suportam o assalto e abrem os braços enquanto a raiva corre pelo sangue para o centro do corpo

Há um derradeiro momento em que o perseguidor ainda poderia retirar-se

Mas logo é tarde e no exacto instante em que o espasmo militarmente iria deflagrar

Com um estalo seco e definitivo os dentes que o ódio fizera nascer nas vulvas frenéticas

Cortam cerce os pénis do exército perseguidor que as vaginas cospem para fora com o mesmo desprezo com que os homens perseguidos haviam sido degolados

Uma só mulher porém enquanto as outras celebram a justa vitória retira suavemente o membro amputado que ainda tivera tempo de ejacular

E levantada comprime o sexo com as mãos e afasta-se pela planície na direcção das montanhas

Por eso la larga hilera de las mujeres tumbadas espera con indiferencia que es simulada la penetración de los perseguidores

Ellas mismas se levantan las ropas y ofrecen a la luz del sol y a los ojos las vulvas húmedas

Silenciosamente soportan el asalto y abren los brazos mientras la rabia corre por la sangre hacia el centro del cuerpo

Hay un último momento en que el perseguidor aún podría retirarse

Pero enseguida es tarde y en el exacto instante en que el espasmo militarmente iba a deflagrar

Con un estallido seco y definitivo los dientes que el odio hiciera nacer en las vulvas frenéticas

Cortan de raíz los penes del ejército perseguidor que las vaginas escupen hacia fuera con el mismo desprecio con que los hombres perseguidos habían sido degollados

Una sola mujer sin embargo mientras las otras celebran la justa victoria retira suavemente el miembro amputado que aún tuvo tiempo de eyacular

Y de pie aprieta el sexo con las manos y se aparta por la llanura en dirección a las montañas

9

Todas as noites três vezes se faz a contagem dos habitantes que foram autorizados a viver na cidade

Por essa razão não são fechadas as portas das casas facto que levaria um observador apressado a pensar que ali se regressou à franqueza dos costumes da idade de ouro

É porém um ponto controverso

Importa sim que as casas estejam permanentemente abertas para que os recenseadores não percam tempo

Tanto mais que são três as contagens como já ficou dito

A primeira à meia-noite duas horas depois do deitar obrigatório

A segunda às três e a terceira de madrugada quando o céu ainda não clareia

9

Todas las noches tres veces se hace el recuento de los habitantes que fueron autorizados a vivir en la ciudad

Por esa razón no son cerradas las puertas de las casas hecho que llevaría a un observador apresurado a pensar que allí se había vuelto a la franqueza de las costumbres de la edad de oro

Es sin embargo un punto controvertido

Importa sí que las casas estén permanentemente abiertas para que los empadronadores no pierdan tiempo

Tanto más porque son tres los recuentos como ya quedó dicho

El primero a medianoche dos horas después del acostarse obligatorio

El segundo a las tres y el tercero de madrugada cuando el cielo aún no clarea

De inverno ou de verão as pessoas dormem destapadas mas vestidas o mais que possam excepto uma perna a partir do joelho para baixo e a cara para respirarem

Se fosse possível tapariam a cabeça deixando apenas a perna descoberta

Porque os recenseadores precisam de tocar a pele destes adormecidos que raramente dormem

A primeira contagem é feita pelos ratos a segunda pelas cobras a terceira pelas aranhas

Os habitantes preferem as cobras e os ratos ainda que seja arrepiante o contacto frio e escamoso das cobras e o arranhar fino das unhas dos ratos

Mas o maior dos horrores trazem-no as aranhas

Embora sejam génios geométricos e matemáticos maliciosamente levam muito tempo a contar enquanto passeiam sobre os rostos espavoridos deslocando-se nas suas trémulas e altas patas

Todas as noites enlouquecem dois ou três habitantes da cidade

En invierno o en verano las personas duermen destapadas pero vestidas lo más que pueden excepto una pierna de la rodilla para abajo y la cara para respirar

Si fuera posible se taparían la cabeza dejando tan sólo la pierna descubierta

Porque los empadronadores necesitan tocar la piel de estos dormidos que raramente duermen

El primer recuento es hecho por las ratas el segundo por las culebras y el tercero por las arañas

Los habitantes prefieren las culebras y las ratas aunque produzca escalofrío el contacto frío y escamoso de las culebras y el fino arañar de las uñas de las ratas

Pero el mayor de los horrores lo traen las arañas

Aunque sean genios geométricos y matemáticos maliciosamente emplean mucho tiempo en contar mientras pasean sobre los rostros despavoridos desplazándose con sus trémulas y altas patas

Todas las noches enloquecen dos o tres habitantes de la ciudad

10

Certos homens embora não adaptados morfo-
logicamente passaram a viver debaixo do chão

Utilizaram a técnica da toupeira a céu fechado
por sofrerem de limitações físicas semelhantes

E se é verdade que com o tcmpo desenvolve-
ram as unhas em comprimento e resistência

Nunca puderam cavar galerias profundas

Custar-lhes-ia provavelmente distanciarem-se
do sol

Caso em que teriam muito mais razão do que a
toupeira que é cega ou quase e o homem não ainda
que nesse sentido tenha feito alguns progressos

Por isso é fácil descobrir os túneis cavados por
estes homens que se afastaram do mundo exterior

Com a preocupação de romperem caminho tão
perto da luz estalam a crosta da terra e são como
os avestruzes que se supõem escondidos

Ciertos hombres aunque no adaptados morfológicamente pasaron a vivir bajo el suelo

Utilizaron la técnica del topo a cielo cerrado por sufrir limitaciones físicas parecidas

Y si es verdad que con el tiempo desarrollaron las uñas en largura y resistencia

Nunca pudieron cavar galerías profundas

Les costaría probablemente distanciarse del sol

Caso en que tendrían mucha más razón que la del topo que es ciego o casi y el hombre no aunque en ese sentido haya hecho algunos progresos

Por eso es fácil descubrir los túneles cavados por estos hombres que se apartaron del mundo exterior

Con la preocupación de romper camino tan cerca de la luz revientan la corteza de la tierra y son como las avestruces que se suponen escondidas

Os perseguidores nem mesmo hesitam entre os dois extremos do túnel como se poderia hesitar perante o risco feito na areia por aqueles bivalves de água doce que acreditam no destino

Porque onde a terra estiver mais fresca ali estará agitando-se devagar o oculto

Uma lança cravada a pique ou uma estaca trespassam pelas costas o homem de unhas longas e coragem insuficiente

Boa armadilha seria porém a galeria cavada à superfície

Se os homens que assim escolheram viver compreendessem que têm de cavar para baixo e fundo um poço antes que venham a lança e a estaca

Para que o perseguidor morra enterrado no preciso momento em que iria matar e para que comecem a igualar-se as perdas

Em nome da simples e necessária justiça

Los perseguidores ni siquiera dudan entre los dos extremos del túnel como se podría dudar ante el trazo hecho en la arena por las conchas de agua dulce que creen en el destino

Porque donde la tierra esté más fresca allí estará agitándose despacio el oculto

Una lanza clavada verticalmente o una estaca traspasa por la espalda al hombre de uñas largas y coraje insuficiente

Buen engaño sería sin embargo la galería cavada en la superficie

Si los hombres que así escogieron vivir comprendiesen que tienen que cavar hacia abajo y hondo un pozo antes de que vengan la lanza y la estaca

Para que el perseguidor muera enterrado en el preciso momento en que iba a matar y para que comiencen a igualarse las pérdidas

En nombre de la simple y necesaria justicia

Foram requisitados todos os termómetros da cidade e proibida sob pena de morte a sua posse

Nenhuma explicação por notícia no diário da ocupação ou edital

Também nenhum locutor da rádio ou da televisão ousou juntar qualquer comentário à leitura da ordem redigida pelas autoridades encarregadas da informação

Graças ao desaparecimento dos termómetros as crianças puderam muitas pela primeira vez sentir a frescura das mãos do pai ou da mãe sobre a testa quente

Alguma coisa portanto parecia ter sido ganha

Até ao dia em que a população compreendeu o fim a que se destinava o mercúrio retirado dos termómetros e todo o outro existente noutros lugares

As pessoas que moravam na periferia da cidade e por isso podiam ver o nascer do sol

11

Fueron requisados todos los termómetros de la ciudad y prohibida bajo pena de muerte su propiedad

Ninguna explicación en las noticias del diario de la ocupación o los edictos

Tampoco ningún locutor de radio o televisión se atrevió a añadir comentario alguno a la lectura de la orden redactada por las autoridades encargadas de la información

Gracias a la desaparición de los termómetros los niños pudieron muchos por primera vez sentir el frescor de las manos del padre o de la madre sobre la frente caliente

Algo por tanto parecía haberse ganado

Hasta el día en que la población comprendió el fin a que se destinaba el mercurio retirado de los termómetros y todo lo demás existente en otros lugares

Las personas que vivían en la periferia de la ciudad y por eso podían ver el nacer del sol

Acreditaram enfim que o mundo ia acabar porque ao lado do velho sol alaranjado subia uma esfera fria e negra com reflexos de cinza

Só essas pessoas assistiram ao primeiro aparecimento do grande olho que iria passar a vigiar a cidade

Só esses o viram no seu primeiro tamanho

Mal o sol verdadeiro subiu um pouco no horizonte a esfera de mercúrio dividiu-se em duas em quatro em oito em dezasseis em trinta e duas em centenas de esferas que se espalharam por toda a parte

Deslocavam-se no ar silenciosamente e continuavam a dividir-se até que houve tantas esferas quantos os habitantes da cidade

Fora instituído o olho de vigilância individual o olho que não dorme nunca

Mas as mães têm reparado que sobre a esfera de mercúrio desce uma espécie de véu sempre que as suas mãos pousam nas testas das crianças com febre

Nessas ocasiões o ordenador central recebe dados insólitos que falseiam a informação geral

Creyeron finalmente que el mundo se iba a acabar porque junto al viejo sol anaranjado subía una esfera fría y negra con reflejos de ceniza

Sólo esas personas asistieron a la primera aparición del gran ojo que pasaría a vigilar la ciudad

Sólo ésos lo vieron en su primer tamaño

Apenas el sol verdadero subió un poco en el horizonte la esfera de mercurio se dividió en dos en cuatro en ocho en dieciséis en treinta y dos en centenas de esferas que se esparcieron por todos sitios

Se desplazaban por el aire silenciosamente y seguían dividiéndose hasta que hubo tantas esferas como habitantes de la ciudad

Había sido instituido el ojo de vigilancia individual el ojo que no duerme nunca

Pero las madres se han dado cuenta de que sobre la esfera de mercurio baja una especie de velo siempre que sus manos se posan sobre las frentes de los niños con fiebre

En esas ocasiones el ordenador central recibe datos insólitos que falsean la información general

Embora pareça incrível que tenha sido por qualquer razão dessas que desapareceu há pouco tempo sem deixar rasto um batalhão inteiro do exército ocupante

Aunque parezca increíble que haya sido por una razón de ésas por la que ha desaparecido hace poco tiempo sin dejar rastro un batallón entero del ejército ocupante

12

Um dos resultados da catástrofe foi que de uma hora para a outra os animais domésticos deixaram de o ser

A primeira vítima de que houve notícia foi a mulher do governador escolhido pelo ocupante

Quando o macaco amestrado que a divertia nas horas de aborrecimento a crucificou no portão do jardim enquanto as galinhas saíram da capoeira para vir arrancar-lhe à bicada as unhas dos pés

Muitas velhinhas inocentes foram arranhadas por gatos castrados de estimação em memória do atentado sofrido

E numerosas crianças ficaram infelizmente cegas pelos bicos agudos das aves que se atiravam dos ramos e das alturas como pedras

Privadas dos animais domésticos as pessoas dedicaram-se activamente ao cultivo de flores

12

Uno de los resultados de la catástrofe fue que de una hora a otra los animales domésticos dejaron de serlo

La primera víctima de que hubo noticia fue la mujer del gobernador escogido por el ocupante

Cuando el mono amaestrado que la divertía en las horas de aburrimiento la crucificó en el portón del jardín mientras las gallinas salieron del gallinero para arrancarle a picotazos las uñas de los pies

Muchas viejecitas inocentes fueron arañadas por gatos castrados de compañía en memoria del atentado sufrido

Y numerosos niños se quedaron desgraciadamente ciegos por los picotazos agudos de las aves que se tiraban de las ramas y de las alturas como piedras

Privadas de los animales domésticos las personas se dedicaron activamente al cultivo de flores

Destas não há que esperar mal se não for dada
excessiva importância ao recente caso de uma rosa
carnívora

De éstas no hay que esperar mal si no se le da excesiva importancia al reciente caso de una rosa carnívora

Todo o sistema prisional foi reformado pelo ocupante incluindo os próprios edifícios

Acabaram as enxovias subterrâneas as masmorras as celas escuras as grades os muros altos os espigões de ferro

No lugar das antigas cadeias construíram-se edifícios de seis andares todos de vidro transparente

Os únicos elementos opacos são as enxergas e as fechaduras das portas

Cada prisão tem centenas de celas de forma hexagonal como favos de colmeia

Tudo quanto um preso faz o tem de fazer à vista dos outros presos dos guardas e da cidade sem espectáculos públicos

À mais grave ocupação de todas que é a de pensar ninguém dá atenção

Todo el sistema carcelario fue reformado por el ocupante incluyendo los edificios

Se acabaron los calabozos subterráneos las mazmorras las celdas oscuras los barrotes los muros altos las púas de hierro

En el lugar de las antiguas prisiones se construyeron edificios de seis pisos todos de vidrio transparente

Los únicos elementos opacos son los jergones y las cerraduras de las puertas

Cada prisión tiene cientos de celdas de forma hexagonal como panales de colmena

Todo cuanto un preso hace debe hacerlo a la vista de los demás presos de los guardias y de la ciudad sin espectáculos públicos

A la más grave ocupación de todas que es la de pensar nadie presta atención

Mas consoante os gostos não faltam espectadores para os actos de comer defecar masturbar com perdão dos olhos delicados

Ou para as sessões de interrogatório e de tortura que se praticam à luz do dia

Como prova de que o novo sistema prisional aceita a livre observação e se oferece ao testemunho geral

As paredes só se tornam opacas quando todos os presos dormem e não há mais nada para ver

Conforme a los gustos no faltan espectadores
para los actos de comer defecar masturbar con per-
dón de los ojos delicados

O para las sesiones de interrogatorio y tortura
que se practican a la luz del día

Como prueba de que el nuevo sistema carcela-
rio acepta la libre observación y se ofrece al testi-
monio general

Las paredes sólo se vuelven opacas cuando todos
los presos duermen y no hay nada más que ver

14

Nos quatro pontos cardeais os vigias defendem o sono cansado da tribo ou rebanho de gente que vagueia pelos campos

Um homem ao norte uma mulher ao sul outro homem a oriente e a ocidente a segunda mulher

Estão sentados de pernas cruzadas atentos a todas as sombras e gritam quando há perigo

Mas porque os perseguidores não gostam de atacar na escuridão a noite decorre muitas vezes calma apenas fria

Ao amanhecer a tribo acorda e divide-se em quatro grupos conforme os pontos cardeais e vai agradecer aos vigias a vida conservada

Depois o homem do norte e a mulher do sul o homem do oriente e a mulher do ocidente juntam os sexos porque assim foi decidido que deveria acontecer todas as manhãs

14

En los cuatro puntos cardinales los vigías defienden el sueño cansado de la tribu o rebaño de gente que vaga por los campos

Un hombre al norte una mujer al sur otro hombre al oriente y al oeste la segunda mujer

Están sentados con las piernas cruzadas atentos a todas las sombras y gritan cuando hay peligro

Pero como a los perseguidores no les gusta atacar en la oscuridad la noche transcurre muchas veces calma tan sólo fría

Al amanecer la tribu se despierta y se divide en cuatro grupos conforme a los puntos cardinales y va a agradecer a los vigías la vida conservada

Después el hombre del norte y la mujer del sur el hombre del oriente y la mujer de occidente unen los sexos porque así fue decidido que debía ocurrir todas las mañanas

Enquanto a união dura cantam em redor a única canção feliz que não esqueceram

O sol levanta-se sobre os quatro corpos nus que são a esperança inconsciente da tribo

Entretanto acende-se a primeira fogueira e o fumo azul da lenha sobe para o céu

En lo que dura la unión cantan la única canción dichosa que no olvidaron

El sol se levanta sobre los cuatro cuerpos desnudos que son la esperanza inconsciente de la tribu

Mientras tanto se enciende la primera hoguera y el humo azul de la leña se eleva hacia el cielo

15

Porém não devemos esquecer o mar que é o princípio e o fim de todas as coisas

É certo que nos dias de 1993 poucas pessoas ainda serão capazes de imaginar os primeiros tempos do mundo

Quando nenhum animal percorria a terra ou voava sobre ela

Quando nada que merecesse o nome de planta rompia o solo instável

Então a enorme caldeira do mar elaborava a alquimia da pedra filosofal que tudo mudava em vida e alguma coisa em ouro

Também para os dias de 1993 o futuro para além do futuro parecerá impossível

Quando o mar cobrir os continentes gastos e a terra rebrilhar no espaço como um espelho gelado

Sin embargo no debemos olvidar el mar que es el principio y el fin de todas las cosas

Es cierto que en los días de 1993 pocas personas serán aún capaces de imaginar los primeros tiempos del mundo

Cuando ningún animal recorría la tierra o volaba sobre ella

Cuando nada que mereciese el nombre de planta rompía el suelo inestable

Entonces la enorme caldera del mar elaboraba la alquimia de la piedra filosofal que todo lo transformaba en vida y alguna cosa en oro

También en los días de 1993 el futuro más allá del futuro parecerá imposible

Cuando el mar cubra los gastados continentes y la tierra brille en el espacio como un espejo helado

E outra vez nenhuma planta a não ser as algas marinhas nenhum animal a não ser os mais pesados e já moribundos peixes

Agora os homens apenas procuram o mar para se lamentarem diante da grande voz das ondas

E postos de joelhos em linha com os braços abertos recebendo no rosto a fustigação do vento e da espuma

Gritam ensurdecidos pelo estrépito a miséria extrema que por agora os dispersa na terra

E quando enfim se calam assombrados pelo pavor que são capazes de suportar

O mar subitamente acalma e um lento murmúrio de um lado e do outro reconsidera os factos

Que em verdade não excluem uma maré renovada e uma coragem à medida do tempo que passou desde a primeira de todas as mortes

Sem o que não seria possível juntarem-se outra vez os homens e subirem a escarpa a caminho da terra ocupada

Y otra vez ninguna planta a no ser las algas marinas ningún animal a no ser los más pesados y ya moribundos peces

Ahora los hombres tan sólo buscan el mar para lamentarse ante la gran voz de las olas

Y puestos de rodillas en línea con los brazos abiertos recibiendo en el rostro el azote del viento y de la espuma

Gritan ensordecidos por el estrépito la miseria extrema que por ahora los dispersa en la tierra

Y cuando al fin se callan asombrados por el pavor que son capaces de soportar

El mar de pronto se calma y un lento murmullo de un lado y de otro reconsidera los hechos

Que en realidad no excluyen una marea renovada y un coraje a la medida del tiempo vivido desde la primera de todas las muertes

Sin lo que no sería posible que los hombres se juntaran otra vez y subieran la escarpa camino de la tierra ocupada

16

Podia ter acontecido a qualquer hora do dia

Quando debaixo do sol a horda se deslocasse na rasa e dura planície

Ou quando à sombra de uma rocha alta acreditasse no fim dos males do mundo só porque ali uma frescura passageira os tornava distantes

Ou quando a penumbra miserável fizesse apetecer uma lenta dissolução no espaço

Mas foi de noite na negrura aflita da caverna lá onde só o olho vermelho das brasas tinha pena dos homens

Onde o cheiro dos corpos humilhados de gases de suor de descargas de sémen

E onde intermináveis insónias se resolviam em suicídios

Que subitamente um homem descobriu que não sabia ler

Podía haber ocurrido a cualquier hora del día

Cuando bajo el sol la horda se desplazase por la rasa y dura llanura

O cuando a la sombra de una roca alta creyese en el fin de los males del mundo sólo porque allí un frescor pasajero los volvía distantes

O cuando la penumbra miserable hiciese apetecer una lenta disolución en el espacio

Pero fue de noche en la negrura afligida de la caverna allá donde sólo el ojo rojo de las brasas tenía pena de los hombres

Donde el olor de los cuerpos humillados de gases de sudor de descargas de semen

Y donde interminables insomnios se resolvían en suicidios

Cuando de pronto un hombre descubrió que no sabía leer

Em vão recordava as letras em vão as desenhava ele próprio na memória

Eram riscos cegos na escuridão desenhos de Marte Mercúrio ou Plutão ou ainda a escrita do sistema planetário da Betelgeuse

Nada que fosse humano e fraterno nada que tivesse o gosto comum do pão e do sal

Quando o sol nasceu e a horda saiu para o ar livre e para o mundo aprisionado

O homem sentou-se no chão dobrado como um feto

E prometeu morrer sem resistência se a lepra que lhe nascera durante a noite não fosse nunca descoberta pelos companheiros que talvez ainda soubessem ler

En vano recordaba las letras en vano las trazaba él mismo en la memoria

Eran trazos ciegos en la oscuridad dibujos de Marte Mercurio o Plutón o incluso la escritura del sistema planetario de Betelgeuse

Nada que fuese humano y fraterno nada que tuviese el gusto común del pan y de la sal

Cuando el sol nació y la horda salió al aire libre y al mundo aprisionado

El hombre se sentó en el suelo doblado como un feto

Y prometió morir sin resistencia si la lepra que le había nacido durante la noche no fuese nunca descubierta por los compañeros que tal vez aún supiesen leer

A mais terrível arma da guerra do desprezo foi
o elefante

Porque então haviam os ocupantes da cidade
desdenhado perseguir nos campos as hordas assus-
tadas dos homens que se arrastavam entre céu e
céu

Todos os animais do jardim zoológico foram
paralisados por acção de misturas químicas nunca
antes vistas

E ainda vivos abertos sobre grandes mesas de
dissecção esvaziados de entranhas e do sangue que
jorrou por fundos canais para o interior da terra
donde apenas saía para certos banhos das prostitu-
tas principais

Desta maneira tornados pele massa muscular e
esqueleto foram os animais providos de poderosos
mecanismos internos ligados aos ossos por circui-
tos electrónicos que não podiam errar

La más terrible arma de la guerra del desprecio fue el elefante

Porque entonces los ocupantes de la ciudad habían desdeñado perseguir por los campos a las hordas asustadas de los hombres que se arrastraban entre cielo y cielo

Todos los animales del parque zoológico fueron paralizados por acción de mezclas químicas nunca antes vistas

Y aún vivos abiertos sobre grandes mesas de disección vaciadas las entrañas y la sangre que corrió por hondos canales hasta el interior de la tierra de donde tan sólo salía para ciertos baños de las principales prostitutas

De este modo hechos piel masa muscular y esqueleto fueron los animales provistos de poderosos mecanismos internos unidos a los huesos por circuitos electrónicos que no podían errar

E estando tudo isto no comprimento de onda do ordenador central foi nele introduzido o programa do ódio e a memória das humilhações

Então abriram-se as portas da cidade e os animais saíram a destruir os homens

Não precisavam de dormir nem comer e os homens sim

Não precisavam de descanso e o mais que o homem sabia era terror e fadiga

Foi essa guerra chamada do desprezo porque nem sequer o sangue lutava contra o sangue

Já foi dito que o elefante era a mais terrível máquina daquela guerra

Talvez quem sabe porque havia sido muitas vezes domesticado e ridicularizado nos circos quando a sua grande estatura se equilibrava numa bola absurda ou se levantava nas patas traseiras para cumprimentar o público

Entretanto o maior dos sábios do ocupante insiste em afirmar que há-de fazer rir o ordenador hipótese que não surpreenderá tendo em conta os factos relatados

Y estando todo esto en la extensión de onda del ordenador central se introdujo en él el programa del odio y la memoria de las humillaciones

Entonces se abrieron las puertas de la ciudad y los animales salieron a destruir a los hombres

No necesitaban dormir ni comer y los hombres sí

No necesitaban descanso y lo más que el hombre sabía era terror y fatiga

Fue esa guerra llamada del desprecio porque ni siquiera la sangre luchaba contra la sangre

Ya fue dicho que el elefante era la más terrible máquina de aquella guerra

Tal vez quién sabe por qué había sido muchas veces domesticado y ridiculizado en los circos cuando su gran estatura se equilibraba sobre una bola absurda o se levantaba sobre las patas traseras para saludar al público

Mientras tanto el mayor de los sabios del ocupante insiste en afirmar que ha de hacer reír al ordenador hipótesis que no sorprenderá teniendo en cuenta los hechos relatados

18

Muito perto do lugar escolhido para o novo acampamento as quatro mulheres que transporta-vam o fogo gritaram de desespero

Ninguém morrera subitamente ninguém fora arrebatado aos ares pelas águias mecânicas que os ocupantes lançavam sobre os bandos fugitivos

Mas ao apagar-se o fogo acontecera a desgraça de todas mais temida porque com ela seria o tempo do pavor sem remédio do negrume gelado da so-lidão

E metade da horda viria certamente a sucumbir na tentativa de arrancar às cidades ocupadas um novo lume se para tanto tivesse coragem

Reuniram-se em volta das cinzas e ali mesmo o chefe foi deposto e as quatro mulheres apedreja-das mas não até à morte

Porque os perseguidos estavam tão certos de morrer que respeitavam a vida e provavelmente por isso morriam com tanta facilidade

18

Muy cerca del lugar escogido para el nuevo campamento las cuatro mujeres que transportaban el fuego gritaron de desesperación

Nadie murió de pronto nadie fue arrebatado a los aires por las águilas mecánicas que los ocupantes lanzaban sobre los bandos fugitivos

Pero al apagarse el fuego ocurrió la desgracia de todas la más temida porque con ella sería el tiempo del pavor sin remedio de la negrura helada de la soledad

Y la mitad de la horda vendría ciertamente a sucumbir en el intento de arrancar a las ciudades ocupadas una nueva lumbre si para tanto tuviese coraje

Se reunieron alrededor de las cenizas y allí mismo el jefe fue depuesto y las cuatro mujeres apedreadas pero no hasta la muerte

Porque los perseguidos estaban tan seguros de morir que respetaban la vida y probablemente por eso morían con tanta facilidad

Assim começou aquela primeira noite de escuridão com todo o bando amassado numa nódoa de sombra sob o pálido e distante luzeiro das estrelas

Como sempre faziam ao fim do dia contaram-se e souberam que eram menos um

E quando apesar da sua tão grande miséria tornaram a lamentar-se por este pouco

Uma criança disse que vira afastar-se na direcção do poente um homem da tribo e que isso fora depois de o lume se apagar

A noite foi como um lastro de lama porque as estrelas estavam longe e ardiam friamente

E o dia seguinte nasceu e passou sem que se movessem dali comeram dormiram e alguns juntaram os sexos para não terem tanto medo

Outra noite se levantou da terra e vieram os lobos mecânicos que levaram consigo de rastos os dez homens mais fortes

Só se afastaram quando o sol começou a aparecer e uivaram de longe com as suas gargantas de ferro enquanto das feridas dos mortos pingava o sangue

Así comenzó aquella primera noche de oscuridad con todo el bando mezclado en una mancha de sombra bajo el pálido y distante brillo de las estrellas

Se contaron como siempre hacían al final de la jornada y supieron que eran uno menos

Y cuando a pesar de su miseria tan grande volvieron a lamentarse por este poco

Un niño dijo que había visto alejarse en dirección al poniente a un hombre de la tribu y que eso fue después de que la lumbre se apagara

La noche fue como un lastre de lodo porque las estrellas estaban lejos y ardían fríamente

Y el día siguiente nació y pasó sin que se moviesen de allí comieron durmieron y algunos unieron sus sexos para no tener tanto miedo

Otra noche se levantó de la tierra y llegaron los lobos mecánicos que se llevaron consigo a rastras a los diez hombres más fuertes

Sólo se apartaron cuando el sol comenzó a aparecer y aullaron de lejos con sus gargantas de hierro mientras de las heridas de los muertos goteaba la sangre

Então sobre o disco vermelho viram os homens e as mulheres sobreviventes um ponto negro que aumentava e julgaram que o próprio sol ia apagar-se

Até ao momento em que distinguiram o homem que corria para eles o companheiro que os deixara duas noites antes e que nesse homem havia também um ponto luminoso

Uma labareda que vinha no braço levantado e que era a própria mão ardendo da luz do sol roubada

Entonces sobre el disco rojo vieron los hombres y las mujeres sobrevivientes un punto negro que aumentaba y creyeron que el propio sol iba a apagarse

Hasta el momento en que distinguieron al hombre que corría hacia ellos el compañero que los había dejado dos noches antes y que en ese hombre había también un punto luminoso

Una llama que venía en el brazo levantado y que era la propia mano ardiendo por la luz del sol robada

Quando os habitantes da cidade se tinham já habituado ao domínio do ocupante

Determinou o ordenador que todos fossem numerados na testa como no braço se fizera cinquenta anos antes em Auschwitz e outros lugares

A operação era indolor e por isso mesmo não houve qualquer resistência nem sequer protestos

O próprio vocabulário sofrera transformações e haviam sido esquecidas as palavras que exprimiam a indignação e a cólera

Deste modo os habitantes da cidade se acharam numerados de 1 a 57.229 porque a cidade era pequena e fora escolhida para experimentação entre todas as cidades ocupadas

Dois meses depois o ordenador registava valores de comportamento e diferentes estados de espírito consoante o número que havia cabido a cada habitante

19

Cuando los habitantes de la ciudad se habían
ya habituado al dominio del ocupante

Determinó el ordenador que todos fuesen nu-
merados en la frente como en el brazo se hiciera
cincuenta años antes en Auschwitz y otros lugares

La operación era indolora y por eso no hubo
resistencia alguna ni siquiera protestas

El propio vocabulario sufrió transformaciones
y habían sido olvidadas las palabras que expresa-
ban la indignación y la cólera

De este modo los habitantes de la ciudad se nu-
meraron del 1 al 57.229 porque la ciudad era pe-
queña y había sido escogida como experimento en-
tre todas las ciudades ocupadas

Dos meses después el ordenador registraba va-
lores de comportamiento y diferentes estados de es-
píritu conforme el número que le cupo a cada ha-
bitante

Entre 1 e 1.000 estava o perfeito contentamento de si próprio ainda assim dividido em mil exactas pequenas parcelas

Ninguém reconhecia autoridade a quem tivesse número superior ao seu o que explica que o 57.229 comesse com os cães e tivesse de masturbar-se porque nenhuma mulher queria dormir com ele

Os habitantes de 1 a 9 consideravam-se chefes da cidade e vestiam segundo as modas do ocupante

Mas o primeiro deles mandou fazer um aro de ouro que suspendia sobre a testa como sinal de poder e autoridade e hoje basta este sinal para que todas as cabeças se curvem a partir de 2

Porém só o ordenador sabe que estes números são provisórios e que dentro de vinte e quatro horas todos se apagarão para reaparecerem por ordem inversa

Processo tão bom como os animais mecânicos para prosseguir o extermínio da população ocupada

Pois todas as humilhações serão retribuídas cem por um até à morte

Enquanto os ocupantes se distraem nos espectáculos que para seu uso ainda funcionam

Entre el 1 y el 1.000 estaba el perfecto conten-
to de sí mismo aun así dividido en mil exactas pe-
queñas parcelas

Nadie reconocía autoridad a quien tuviese nú-
mero superior al suyo lo que explica que el 57.229
comiese con los perros y tuviese que masturbarse
porque ninguna mujer quería dormir con él

Los habitantes del 1 al 9 se consideraban jefes de
la ciudad y vestían según las modas del ocupante

Pero el primero de ellos se mandó hacer un aro
de oro que colgaba de la frente como señal de poder
y autoridad y hoy basta esta señal para que todas las
cabezas se curven a partir del 2

Sin embargo sólo el ordenador sabe que esos
números son provisionales y que dentro de veinti-
cuatro horas todos se borrarán para reaparecer por
orden inverso

Proceso tan bueno como los animales mecánicos
para proseguir el exterminio de la población ocupada

Pues todas las humillaciones serán retribuidas
ciento por uno hasta la muerte

Mientras tanto los ocupantes se distraen en los
espectáculos que para su uso aún funcionan

20

Todas as calamidades haviam caído já sobre a tribo ao ponto de se falar da morte com esperança

Um pouco mais e o suicídio colectivo seria votado e decidido

Assim pela infinita planície as vozes inseguras se iam aos poucos calando como se a próxima paragem fosse a última e o soubessem

Pelo meio da tarde as nuvens cobriram o céu e uma vagarosa chuva o chão de lama e os homens de maior desespero

Espetaram na terra as estacas que eram os pilares das suas habitações transportadas e sobre elas os panos que restavam dos tempos em que poucos aceitariam semelhante abrigo

Este era o miserável rebanho a vara a manada entregue aos pastos naturais às lombas pedregosas e hoje à frialdade esponjosa de uma chuva que raspava os ossos do crânio

Todas las calamidades habían caído ya sobre la tribu hasta el punto de hablarse de la muerte con esperanza

Un poco más y el suicidio colectivo sería votado y decidido

Así por la infinita llanura las voces inseguras se iban gradualmente callando como si la próxima parada fuese la última y lo supiesen

En mitad de la tarde las nubes cubrieron el cielo y una lenta lluvia el suelo de lodo y a los hombres de mayor desesperación

Clavaron en la tierra las estacas que eran los pilares de sus habitaciones transportadas y sobre ellas las telas que quedaban de los tiempos en que pocos aceptarían semejante abrigo

Éste era el miserable rebaño la piara la manada entregada a los pastos naturales a las lomas pedregosas y hoy a la frialdad esponjosa de una lluvia que raspaba los huesos del cráneo

Quase noite o homem e a mulher que se tinham escolhido para sempre afastaram-se na direcção de uma floresta que fechava o céu

Porque a miséria era extrema e a morte talvez viesse mais depressa se as vítimas se mostrassem a descoberto

Porém assim não aconteceu e debaixo das árvores a grande escuridão redobrou o medo mas não mais

Então abraçados o homem e a mulher sem uma palavra suplicaram

E a árvore a que se apoiavam transidos abriu-se por uma qualquer razão que não veio a saber-se nunca e recebeu-os dentro de si juntando a seiva e o sangue

Todas as aflições se acabaram naquele instante e a chuva escorria pelas folhas e pelos troncos como alimento até ao chão que as raízes lentamente trabalhavam

Assim a noite passou sobre esta paz que não conhecia pesadelos

Mas quando o sol nasceu ouviu-se do lugar onde a tribo ficara um enorme tumulto um estridor de gritos e asas e uivos de metal

Casi de noche el hombre y la mujer que se habían escogido para siempre se apartaron en dirección a una floresta que cerraba el cielo

Porque la miseria era extrema y la muerte tal vez llegase más deprisa si las víctimas se mostraran a descubierto

Sin embargo no ocurrió así y debajo de los árboles la gran oscuridad redobló el miedo pero no más

Entonces abrazados el hombre y la mujer sin una palabra suplicaron

Y el árbol en que se apoyaban transidos se abrió por una razón que no llegó a saberse nunca y los recibió dentro de sí uniendo la savia y la sangre

Todos los pesares se acabaron en aquel instante y la lluvia corría por las hojas y por los troncos como alimento hasta el suelo que las raíces lentamente trabajaban

Así la noche pasó sobre esta paz que no conocía pesadillas

Pero cuando el sol nació se oyó desde el lugar en donde la tribu estaba un enorme tumulto un fragor de gritos y alas y aullidos de metal

E a mulher e o homem abraçados dentro da árvore souberam que os seus irmãos uma vez mais sofriam o assalto dos ocupantes e das feras

No ano de 2093 ainda se contará que cem anos antes foi vista uma árvore sair da floresta andando sobre as raízes e fazer dos seus ramos laços e lanças e dardos das folhas agudas

E também se dirá que depois para onde fosse a tribo ia a árvore caminhando sobre as raízes

E que debaixo dela se abrigavam à noite ou quando o sol queimava os outros homens e as outras mulheres que nos primeiros dias ainda recordaram os companheiros para sempre desaparecidos naquela noite em que a morte quase fora o destino certo da tribo

E tudo isto se dirá nos mais felizes tempos de 2093

Y la mujer y el hombre abrazados dentro del árbol supieron que sus hermanos una vez más sufrían el asalto de los ocupantes y de las fieras

En el año 2093 todavía se contará que cien años antes se vio un árbol salir del bosque caminando sobre las raíces y haciendo de sus ramas lazos y lanzas y dardos de las hojas agudas

Y también se dirá que después hacia donde fuese la tribu iría el árbol caminando sobre las raíces

Y que debajo de él se cobijaban de noche o cuando el sol quemaba los demás hombres y las demás mujeres que en los primeros días aún recordaron a los compañeros desaparecidos para siempre en esa noche en que la muerte casi había sido el destino seguro de la tribu

Y todo esto se dirá en los más felices tiempos del 2093

Não admira que fosse preciso reaprender a linguagem simplificada da fome e do frio

E também as palavras da manhã e da noite e aquelas que determinam no céu o caminho das estrelas ou apenas o perfil da montanha

Porque se sabiam as sensações e não as palavras que as tornavam úteis no comércio ou simplesmente suportáveis

Se durante o descanso nocturno uma mulher puxava para si um homem e ambos por minutos calados cuidavam do seu próprio prazer sem mais

Nenhum dos dois ou dos outros homens e mulheres que distraidamente olhavam

Diria amor ou desejo ou vontade de suicídio ou somente acto mecânico sobrante do espelho multiplicado do lento erguer dos membros viris para as vulvas húmidas

No es de extrañar que fuese necesario reaprender el lenguaje simplificado del hambre y del frío

Y también las palabras de la mañana y de la noche y esas que determinan en el cielo el camino de las estrellas o tan sólo el perfil de la montaña

Porque se sabían las sensaciones y no las palabras que las hacían útiles en el comercio o simplemente soportables

Si durante el descanso nocturno una mujer atraía hacia sí a un hombre y ambos por minutos callados cuidaban de su propio placer sin más

Ninguno de los dos o de los otros hombres y mujeres que distraídamente miraban

Diría amor o deseo o voluntad de suicidio o solamente acto mecánico sobrante del espejo multiplicado del lento alzarse de los miembros viriles hacia las vulvas húmedas

E se alguma coisa fizessem precisamente seria erguer e humedecer sem que a vontade o decidisse mas o instinto o gosto de imitar mesmo sabendo de antemão como tudo se acabaria

Só por isso às vezes a caverna se enchia de gemidos e os vultos se sacudiam no chão deitados enquanto as crianças olhavam já atentas e imitavam os gestos cada vez mais pobres

Ninguém o saberia dizer mas o tempo era de tristeza a pior por ser a aresta agudíssima e cruel que junta as faces da vida e da morte que em algum lugar haviam de encontrar-se

Talvez porém o diferente olhar que trocaram agora mesmo um homem e uma mulher no caminho estreito

E tendo-se olhado e visto prosseguiram enquanto o sangue rolava nos apertados túneis das artérias

Como quem tranquilamente sabe que outra vez virão a encontrar-se para enfim

Talvez este silêncio seja o esforço abrindo os foles do pulmão prosaicamente abrindo ó sem poesia abrindo

Para começar o outra vez doloroso nascimento duma primeira palavra

Y si algo hiciesen precisamente sería alzarse y humedecer sin que el deseo lo decidiese sino el instinto la voluntad de imitar aun sabiendo de antemano cómo se acabaría todo

Sólo por eso a veces la caverna se llenaba de gemidos y los bultos se sacudían echados en el suelo mientras los niños miraban ya atentos e imitaban los gestos cada vez más pobres

Nadie sabría decirlo pero el tiempo era de tristeza la peor por ser la arista agudísima y cruel que une los rostros de la vida y de la muerte que en algún lugar habían de encontrarse

Sin embargo quizá la diferente mirada que intercambiaron ahora mismo un hombre y una mujer en el camino estrecho

Y habiéndose mirado y visto prosiguieron mientras la sangre se arremolinaba en los apretados túneles de las arterias

Como quien tranquilamente sabe que otra vez vendrán a encontrarse por fin

Quizá este silencio sea el esfuerzo de abrir los fuelles del pulmón prosaicamente abriendo oh sin poesía abriendo

Para comenzar el otra vez doloroso nacimiento de una primera palabra

E porque os antigos deuses haviam morrido por inúteis os homens descobriram outros que sempre tinham existido encobertos pela sua não necessidade

O primeiro de todos foi a montanha porque era ela que no seu mais alto pico sustentava o peso do céu

Aquele mesmo céu que os velhos deuses em tempos idos habitaram e donde de pais para filhos desprezaram os homens porque desprezo fora impor-lhes salvações contra a sua própria humanidade

O segundo deus foi o sol porque ensinara a redescobrir a roda embora houvesse tribos que veneravam a lua pela mesma razão

Essas porém em noites de quarto minguante ou crescente traziam os olhos baixos

Provando assim que sempre cada tribo tem o deus que prefere e não outros

Y porque los antiguos dioses habían muerto
por inútiles los hombres habían descubierto otros
que siempre habían existido ocultos por su no ne-
cesidad

El primero de todos fue la montaña porque era
ella quien en su extremo más alto sostenía el peso
del cielo

Aquel mismo cielo que los viejos dioses en otros
tiempos habitaron y donde de padres a hijos despre-
ciaron a los hombres porque desprecio fue imponer-
les salvaciones contra su propia humanidad

El segundo dios fue el sol porque había enseña-
do a redescubrir la rueda aunque hubiese tribus
que veneraban la luna por la misma razón

Éstas sin embargo en noches de cuarto men-
guante o creciente llevaban los ojos bajos

Demostrando así que siempre cada tribu tiene
el dios que prefiere y no otros

Mas a nova mitologia a isto se resumiu porque um dia houve um homem que subiu ao pico da montanha e por essa maneira se viu que sozinho levantara o céu

E outro pegou nas rodas que haviam sido o sol e a lua e lançou-as para longe onde não brilharam

Definitivamente deus só ficou o rio porque os homens vão mergulhar nele as mãos e o rosto e têm estrelas nos olhos quando se levantam

Enquanto as águas por sua vez transportam ao céu e ao sol se o há a turvidão salgada das lágrimas e do suor

E as plantas verdes que dentro de água vivem estremecem sob o vento que traz aquele cheiro de homem a que a terra ainda não se habituou

Pero la nueva mitología a esto se resumió porque un día hubo un hombre que subió a lo más alto de la montaña y de este modo se vio que él solo había levantado el cielo

Y otro cogió las ruedas que habían sido el sol y la luna y las lanzó lejos donde no brillaran

Definitivamente dios sólo quedó el río porque los hombres sumergen en él las manos y el rostro y tienen estrellas en los ojos cuando se levantan

Mientras las aguas a su vez transportan al cielo y al sol si lo hay la turbiedad salada de las lágrimas y del sudor

Y las plantas verdes que dentro del agua viven se estremecen bajo el viento que trae aquel olor de hombre al que la tierra aún no se ha acostumbrado

23

Os ordenadores utilizados pelo ocupante são alimentados a carne humana porque a electrónica não pode bastar a tudo

E também porque desse modo se introduz um rito sacrificial que com o tempo dará talvez uma religião útil ao ocupante por voluntária aceitação das vítimas

É porém sabido que nenhuma parcela de cérebro humano convirá que entre na câmara de alimentação dos ordenadores

Caso contrário ocorreriam perturbações no complicado sistema de destruição dos homens fora e dentro das cidades que procede tanto por meios imediatos e grosseiros como por outros subtis e mais para diante

A fim de prevenir esta perigosa eventualidade os melhores anatomistas do ocupante foram promovidos a inspectores da fiscalização alimentar dos ordenadores

Los ordenadores utilizados por el ocupante son alimentados con carne humana porque la electrónica no basta para todo

Y también porque de ese modo se introduce un rito de sacrificio que con el tiempo dará quizás una religión útil al ocupante por voluntaria aceptación de las víctimas

Se sabe sin embargo que ninguna parcela del cerebro humano convendrá que entre en la cámara de alimentación de los ordenadores

Caso contrario se producirían alteraciones en el complicado sistema de destrucción de los hombres fuera y dentro de las ciudades que procede tanto de medios inmediatos y toscos como de otros sutiles y más de futuro

Con el fin de prevenir esta peligrosa eventualidad los mejores anatomistas del ocupante fueron ascendidos a inspectores de la fiscalización alimentaria de los ordenadores

Com a obrigação de examinarem minuciosamente a carne humana atirada três vezes ao dia para dentro da câmara esterilizada forrada de dentes de aço

Graças a estes cuidados a administração geral tem funcionado com regularidade e os resultados obtidos correspondem aos previstos com a aproximação de duas décimas milésimas

A carne humana ainda é tempo de o dizer é o melhor que existe para alimentar o domínio de quaisquer ocupantes se exceptuarmos o cérebro

Porém hoje sem que o inspector de serviço se apercebesse uma certa mão cortada metida na câmara apertava no oco dos dedos uma pasta acinzentada contendo algumas centenas de milhões de neurónios

E se é verdade que até agora não chegaram notícias extraordinárias de fora da cidade

Pela primeira vez dentro dela um soldado ocupante se enforcou deixando uma carta que não chegou a ser lida pelo seu comandante porque o soldado que a levava foi apanhado e morto na primeira emboscada

Entretanto o ordenador modifica dentro de si todos os programas substitui todas as memórias e prepara secretamente a ofensiva

Con la obligación de examinar minuciosamente la carne humana arrojada tres veces al día dentro de la cámara esterilizada forrada de dientes de acero

Gracias a estos cuidados la administración general ha funcionado con regularidad y los resultados obtenidos se corresponden a los previstos con una aproximación de dos décimas milésimas

La carne humana aún es tiempo de decirlo es lo mejor que existe para alimentar el dominio de cualesquiera ocupantes si exceptuamos el cerebro

Sin embargo hoy sin que el inspector de servicio se diese cuenta una determinada mano cortada introducida en la cámara apretaba en el hueco de los dedos una masa grisácea que contenía algunas centenas de millones de neuronas

Y si es verdad que hasta ahora no llegaron noticias extraordinarias de fuera de la ciudad

Por primera vez dentro de ella un soldado ocupante se ahorcó dejando una carta que no llegó a ser leída por su comandante porque el soldado que la llevaba fue capturado y muerto en la primera emboscada

Mientras tanto el ordenador modifica dentro de sí todos los programas sustituye todas las memorias y prepara secretamente la ofensiva

Neste preciso momento o responsável pela segurança anota a hora da ronda e escreve no registo nada a assinalar

En este preciso momento el responsable de la seguridad anota la hora de la ronda y escribe en el registro nada que señalar

24

Nenhumas armas a não ser os toscos paus arrancados dificilmente aos ramos mais baixos das árvores e as pedras roladas colhidas nos leitos das ribeiras

Nenhuma protecção a não ser a da noite ou a sombra dos desfiladeiros por onde a tribo se insinuava como uma longa cobra rastejando

Ali não tinham os lobos mecânicos espaço para atacar e foi possível ver entre duas altas e sonoras muralhas de rocha lutar um milhafre verdadeiro contra uma águia mecânica e vencê-la

Porque a águia fora programada apenas para atacar os homens como o haviam sido os elefantes que bramiam de fúria na garganta dos desfiladeiros apertados onde não podiam entrar

E isto foi enquanto ainda o ordenador se manteve em ligação com os animais mecânicos

Tornados inúteis logo que a comunicação cessou destruídos na queda os que voavam paralisa-

Ningún arma a no ser los toscos palos arranca-
dos con dificultad de las ramas más bajas de los
árboles y los cantos rodados cogidos en el cauce de
los arroyos

Ninguna protección a no ser la de la noche o la
sombra de los desfiladeros por donde la tribu se
insinuaba como una larga serpiente arrastrándose

Allí no tenían los lobos mecánicos espacio para
atacar y fue posible ver entre dos altas y sonoras
murallas de roca luchar un milano verdadero con-
tra un águila mecánica y vencerla

Porque el águila había sido programada tan sólo
para atacar a los hombres como lo habían sido los
elefantes que bramaban de furia en la garganta de
los desfiladeros angostos donde no podían entrar

Y así fue mientras el ordenador se mantuvo en
conexión con los animales mecánicos

Inútiles en cuanto la comunicación cesó des-
truidos en la caída los que volaban paralizados en

dos no movimento os que no chão se deslocavam
e caídos para o lado

Sete noites durou a marcha pelos labirintos da
montanha sete dias dormiu a tribo e outras que se
haviam juntado em grutas onde às vezes desco-
briam pinturas de homens lutando contra animais
ou outros homens

Ao amanhecer do oitavo dia surgiram em cam-
po raso e viram um leão imóvel de pé sobre as qua-
tro patas

Batendo as asas secas dois corvos verdadeiros
arrancavam-lhe tiras de pele morta pondo à vista
o mecanismo do ventre e dos membros e um nó
de fios escuros como um coração apodrecido

Então as tribos recolheram-se outra vez ao desfi-
ladeiro à espera da noite e nas paredes duma gruta
alguns homens reproduziram o leão e os corvos
voando e ao fundo uma cidade armada

Feito o que desenharam o retrato de si próprios
segurando uns toscos paus e na transparência do
peito limitado por dois riscos laterais marcaram o
lugar que deve ocupar um coração vivo

el movimiento los que por el suelo se desplazaban y tumbados hacia un lado

Siete noches duró la marcha por los laberintos de la montaña siete días durmió la tribu y otras que se habían unido en grutas donde a veces descubrían pinturas de hombres luchando contra animales u otros hombres

Al amanecer del octavo día aparecieron en campo raso y vieron un león inmóvil de pie sobre las cuatro patas

Batiendo las alas secas dos cuervos verdaderos le arrancaban tiras de piel muerta poniendo a la vista el mecanismo del vientre y de los miembros y un nudo de hilos oscuros como un corazón podrido

Entonces las tribus se recogieron de nuevo en el desfiladero esperando la noche y en las paredes de una gruta algunos hombres reprodujeron el león y los cuervos volando y al fondo una ciudad armada

Hecho esto dibujaron su propio retrato empuñando unos toscos palos y en la transparencia del pecho limitado por dos trazos laterales marcaron el lugar que debe ocupar un corazón vivo

Embora houvesse já muito tempo que não nasciam crianças não se perdera por completo a lembrança de um mundo fértil

E acontecera mesmo que algumas tribos mais sedentárias redescobriram certas práticas mágicas que vinham de tempos antiquíssimos

Por isso nos campos cultivados faziam correr as mulheres menstruadas para que o sangue escorrendo ao longo das pernas embebesse o chão com sangue de vida e não de morte

Nuas corriam deixando um rasto que os homens cobriam cuidadosamente de terra para que nem uma gota secasse sob o calor agora nocivo do sol

E um dia vinda de longe uma mulher grávida quase no fim do tempo chegou e pediu que a deixassem ficar ali até parir

Porém preciosa era aquela criança que estava para nascer e a sua mãe foi dada a melhor cabana

Aunque hiciese mucho tiempo que no nacían niños no se había perdido por completo el recuerdo de un mundo fértil

Y ocurrió incluso que algunas de las tribus más sedentarias redescubrieron ciertas prácticas mágicas que venían de tiempos antiquísimos

Por eso por los campos cultivados hacían correr a las mujeres menstruadas para que la sangre escurriendo a lo largo de las piernas empapase el suelo con sangre de vida no de muerte

Desnudas corrían dejando un rastro que los hombres cubrían cuidadosamente de tierra para que ni una gota se secase bajo el calor ahora nocivo del sol

Y un día venida de lejos una mujer embarazada casi al final del tiempo llegó y pidió que la dejasen quedarse allí hasta parir

Preciada sin embargo era aquella criatura que estaba a punto de nacer y a su madre se le dio la

e duas mulheres de mais experiência ficaram com ela para a assistirem no parto

Mas antes que a criança nascesse um homem escolhido da tribo uniu-se carnalmente à mulher grávida

E desta maneira tudo começou naquele lugar e não noutro com aquela gente e não outra apenas com o presente e o futuro não o passado

Alguns dias mais tarde nasceu uma criança e houve as melancólicas festas de então e todas as mulheres se declararam grávidas

Mas a mãe da criança desapareceu nessa mesma noite enquanto longe dali as tribos que haviam atravessado a montanha começavam a mover-se na planície em direcção à cidade armada

mejor choza y dos mujeres de más experiencia se quedaron con ella para atenderla en el parto

Pero antes de que la criatura naciese un hombre escogido de la tribu se unió carnalmente a la mujer embarazada

Y de este modo todo comenzó en aquel lugar y no en otro con aquella gente y no otra sólo con el presente y el futuro no el pasado

Unos días más tarde nació el niño y hubo las melancólicas fiestas de entonces y todas las mujeres se declararon embarazadas

Pero la madre del niño desapareció esa misma noche mientras lejos de allí las tribus que habían cruzado la montaña comenzaban a moverse por la llanura en dirección a la ciudad armada

Entre o sopé da montanha e a primeira porta da cidade ficaram mortos muitos homens e mulheres

Pois é essa a condição das vitórias custar cada uma trinta derrotas e mesmo para uma simples vida duas são necessárias que depressa se extinguem

Ficaram mortos e não é possível deixar ditos os seus nomes porque eles próprios os haviam esquecido

Agora começavam apenas a retomar os da sua humanidade o nome de homem o nome de mulher sem mais saberem de si que a mão que vai adiante a reconhecer o que viram os olhos

Derrubados sobre a terra com a boca aberta como se dissessem a pena de morrerem ou murmurando alguma coisa da memória recobrada por inteiro no momento de por inteiro se perder

Caídos redondos mortos como nunca tão firmes assentando os ombros na dureza da terra e olhando um céu afinal negro

Entre la falda de la montaña y la primera puerta de la ciudad quedaron muertos muchos hombres y mujeres

Pues ésa es la condición de las victorias que cada una cueste treinta derrotas y hasta para una vida sencilla dos son necesarias que deprisa se extinguen

Quedaron muertos y no es posible dejar dichos sus nombres porque ellos mismos los habían olvidado

Ahora empezaban tan sólo a retomar los de su humanidad el nombre de hombre el nombre de mujer sin saber más de sí que la mano que va por delante reconociendo lo que vieron los ojos

Tirados por tierra con la boca abierta como si dijesen la pena de morir o murmurando algo de la memoria recobrada por completo en el momento de por completo perderse

Caídos redondos muertos como nunca tan firmes asentando los hombros en la dureza de la tierra y mirando un cielo finalmente negro

Não poucas foram as mulheres que continuaram avançando depois de sentirem a dor no coração pelo súbito vazio criado onde antes um corpo de homem se movia duro

E não foram os homens poucos que avançaram trémulos do último resvalar não já suave mas irremediável do corpo da mulher que tanto importava como a cidade

Quando a primeira porta foi alcançada amontoaram-se os corpos uns sobre os outros e os vivos passaram sobre uma ponte de mortos que eram a escora e o arco e a macia e dolorosa calçada

Assim entraram na cidade e ao amanhecer contaram-se e tendo-se achado de menos recolheram os seus mortos

A fim de recuperarem ao menos pelo breve tempo da lamentação a unidade primeira

No pocas fueron las mujeres que siguieron avanzando tras sentir el dolor en el corazón por el súbito vacío creado donde antes un cuerpo de hombre se movía duro

Y no fueron pocos los hombres que avanzaron trémulos del último deslizar no ya suave sino irremediable del cuerpo de la mujer que importaba tanto como la ciudad

Cuando la primera puerta fue alcanzada se amontonaron los cuerpos unos sobre los otros y los vivos pasaron sobre un puente de muertos que eran la escora y el arco y la blanda y dolorosa calzada

Así entraron en la ciudad y al amanecer se contaron y habiéndose hallado de menos recogieron a sus muertos

A fin de recuperar al menos durante el breve tiempo de la lamentación la unidad primera

Lavaram as feridas na água do mar e agora estão sentados na areia enquanto as sentinelas vigiam no alto das dunas

E este o preço da paz quando o amanhecer vem perto e o medo de morrer é esse mais humano de não viver bastante

A penumbra que ainda esconde as águas cheira a algas pisadas e a guelras e tem o poder inesperado de fazer inchar os músculos pobres

Se afastássemos o quase inaudível bater da onda poderíamos dizer que o silêncio fecha todo o horizonte e logo é absoluto quando o primeiro arco do sol começa a erguer-se

O mundo durante o minuto seguinte vai ficar rubro cereja e os homens e as mulheres parecem flutuar no interior de um forno e são imortais

Distante julgaríamos o ano de 1993 e contudo é tempo dele ainda

Se lavaron sus heridas en el agua del mar y ahora están sentados en la arena mientras los centinelas vigilan desde lo alto de las dunas

Es éste el precio de la paz cuando el amanecer se acerca y el miedo de morir es ése más humano de no vivir bastante

La penumbra que aún esconde las aguas huele a algas pisadas y a agallas y tiene el poder inesperado de hacer hinchar los músculos pobres

Si apartásemos el casi inaudible batir de la ola podríamos decir que el silencio cierra todo el horizonte y enseguida es absoluto cuando el primer arco del sol comienza a alzarse

El mundo durante el minuto siguiente va a quedar de un rojo cereza y los hombres y las mujeres parecen flotar en el interior de un horno y son inmortales

Lejano creeríamos el año de 1993 y sin embargo aún es su tiempo

Mas soltas esparsas esperanças sobrevivem aos mortos intermináveis e ao sangue tanto que este sol encontra na praia uma tribo que repousa entre duas batalhas

E não já como tantas vezes antes um rebanho de carneiros fugitivos com chagas de vergonha no lugar dos cornos arrancados

Ó eloquentemente diríamos ó se não fosse preferível que percorrêssemos nós esta praia manchada de sangue dizendo algumas e discretas palavras em voz baixa meus amigos

Tanto mais que do lado do mar se aproxima voando o primeiro bando de gaivotas que desde há muito muito tempo é visto nesta terra ocupada

Sinal de que talvez nos reconheça enfim a vida e de que nem tudo se perdeu nas abjecções que consentimos algumas vezes cúmplices

Estão agora sobre nós as gaivotas pairando e deixam pender um pouco a cabeça para melhor nos fitarem e decidirem quem somos

Entretanto o sol saiu inteiro da madrugada enquanto mal feridos nos erguemos e as sentinelas gritam a reunir porque o inimigo vem perto

Pero sueltas dispersas esperanzas sobreviven a los muertos interminables y a la sangre tanto que este sol encuentra en la playa una tribu que descansa entre dos batallas

Y no ya como tantas veces antes un rebaño de carneros fugitivos con llagas de vergüenza en el lugar de los cuernos arrancados

Oh elocuentemente diríamos oh si no fuera preferible que recorriéramos nosotros esta playa manchada de sangre diciendo algunas y discretas palabras en voz baja amigos míos

Tanto más cuanto que desde el lado del mar se acerca volando el primer bando de gaviotas que desde hace mucho mucho tiempo se ve en esta tierra ocupada

Señal de que tal vez nos reconozca finalmente la vida y de que no todo se ha perdido en las humillaciones que consentimos algunas veces cómplices

Están ahora sobre nosotros las gaviotas mirándonos desde lo alto y suspenden un poco sus cabezas para contemplarnos mejor y decidir quiénes somos

Entretanto el sol ha salido completo de la madrugada mientras malheridos nos erguimos y los centinelas gritan a reunirse porque el enemigo se acerca

Uma após a outra as cidades foram reconquistadas e de todos os lugares afluíam as hordas que outro nome começavam a merecer

Vinham uns pelas planícies como vagarosos formigueiros outros subindo e descendo pelas lombas das colinas outros cortando caminho a meia encosta das montanhas

E todos vadeando os rios ou neles navegando nos barcos que restavam ou em jangadas que derivavam nas correntes rápidas

E quando chegavam à vista das cidades vinham os de dentro a recebê-los levando flores e pão porque de ambos tinham fome os que haviam vivido nas terras devastadas

E diziam os sofrimentos mútuos e riam chorando e mostravam as feridas dos combates e depois iam aos julgamentos dos invasores que todos seriam condenados à morte sem excepção

Una tras otra las ciudades fueron reconquistadas y de todos los sitios afluían las hordas que otro nombre comenzaban a merecer

Venían unos por las llanuras como lentos hormigueros otros subiendo y bajando por las lomas de las colinas otros acortando el camino a media ladera de las montañas

Y todos vadeando los ríos o navegando en ellos con los barcos que quedaban o en balsas que derivaban en las corrientes rápidas

Y cuando tenían a la vista las ciudades venían los de dentro a recibirlos llevando flores y pan porque de ambos tenían hambre los que habían vivido en las tierras devastadas

Y decían los sufrimientos mutuos y reían llorando y mostraban las heridas de los combates y después iban a los juicios de los invasores que todos serían condenados a muerte sin excepción

Porque eram os senhores da morte os empresários da tortura e por isso tinham de ser retribuídos na única moeda que conheciam

Porém muitas batalhas farão ainda mortos entre os que riem agora e choram não a morte para eles próxima mas a alegria de estar vivo

Ó este povo que corre nas ruas e estas bandeiras e estes gritos e estes punhos fechados enquanto as cobras os ratos e as aranhas da contagem se somem no chão

Ó estes olhos luminosos que apagam um a um os frios olhos de mercúrio que flutuavam sobre as cabeças da gente da cidade

E agora é necessário ir ao deserto destruir a pirâmide que os faraós fizeram construir sobre o dorso dos escravos e com o suor dos escravos

E arrancar pedra a pedra porque faltam os explosivos mas sobretudo porque este trabalho deve ser feito com as nuas mãos de cada um

Para que verdadeiramente seja um trabalho nosso e comecem a ser possíveis todas as coisas que ninguém prometeu aos homens mas que não poderão existir sem eles

Porque eran los señores de la muerte los empresarios de la tortura y por eso tenían que ser retribuidos con la única moneda que conocían

Sin embargo muchas batallas harán aún muertos entre los que ríen ahora y lloran no la muerte para ellos próxima sino la alegría de estar vivo

Oh este pueblo que corre por las calles y estas banderas y estos gritos y estos puños cerrados mientras las culebras las ratas y las arañas del recuento se sumen en el suelo

Oh estos ojos luminosos que borran uno a uno los fríos ojos de mercurio que flotaban sobre las cabezas de la gente de la ciudad

Y ahora es necesario ir al desierto destruir la pirámide que los faraones hicieron construir sobre el dorso de los esclavos y con el sudor de los esclavos

Y arrancar piedra a piedra porque faltan los explosivos pero sobre todo porque este trabajo debe ser hecho con las desnudas manos de cada uno

Para que verdaderamente sea un trabajo nuestro y comiencen a ser posibles todas las cosas que nadie prometió a los hombres pero que no podrán existir sin ellos

Levantou-se então um grande vento que varreu de estrema a estrema entre o mar e a fronteira a terra dos homens

Durante três dias soprou constante arrastando as nuvens dos incêndios e o cheiro da carne morta dos invasores

Durante três dias as árvores foram sacudidas mas nenhuma arrancada porque este vento era igual a uma mão apenas firme

As carcaças dos animais mecânicos rolavam pelas planícies como arbustos desenraizados e tudo era arrastado para longe para os países onde os pesadelos nascem e o terror

Depois choveu e a terra ficou subitamente verde com um enorme arco-íris que não se desvaneceu nem quando o sol se pôs

Nessa primeira noite ninguém dormiu e toda a gente saiu das cidades para ver melhor as sete cores contra o fundo negríssimo do céu

Se levantó entonces un gran viento que barrió de punta a punta entre el mar y la frontera la tierra de los hombres

Durante tres días sopló constante arrastrando las nubes de los incendios y el olor de la carne muerta de los invasores

Durante tres días los árboles fueron sacudidos pero ninguno arrancado porque este viento era como una mano tan sólo firme

Los armazones de los animales mecánicos rodaban por la llanura como arbustos desenraizados y todo era arrastrado hacia lo lejos hacia las tierras donde nacen las pesadillas y el terror

Después llovió y la tierra se quedó de pronto verde con un enorme arco iris que no se desvaneció ni cuando el sol se puso

Esa primera noche nadie durmió y toda la gente salió de las ciudades para ver mejor los siete colores contra el fondo negrísimo del cielo

E houve quem chorasse de joelhos na terra branda nas ervas que rescendiam do vertiginoso cheiro do húmus

E houve quem ininterruptamente cantasse uma extática melodia não ouvida antes que era o longo suspiro soluço da vida que nascendo se sufoca plena na garganta

E pelos campos fora arderam fogueiras altas que fizeram da terra vista do espaço um outro céu estrelado

E um homem e uma mulher caminharam entre a noite e as ervas naturais e foram deitar-se no lugar precioso onde nascia o arco-íris

Ali se despiram e nus debaixo das sete cores foram toda a noite um novelo de vida murmurante sobre a erva calcada e cheirosa das seivas derramadas

Enquanto longe no mar o outro ramo do arco-íris mergulhava até ao fundo das águas e os peixes deslumbrados giravam em redor da luminosa coluna

O dia amanheceu numa terra livre por onde corriam soltos e claros os rios e onde as montanhas azuis mal repousavam sobre as planícies

Y hubo quien lloró de rodillas sobre la tierra blanda sobre las hierbas que exhalaban el vertiginoso olor del humus

Y hubo quien ininterrumpidamente cantó una extática melodía no oída hasta entonces que era el largo suspiro sollozo de la vida que naciendo se sofoca plena en la garganta

Y por los campos ardieron hogueras altas que hicieron de la tierra vista desde el espacio otro cielo estrellado

Y un hombre y una mujer caminaron entre la noche y las hierbas naturales y fueron a tumbarse en el hermoso lugar donde nacía el arco iris

Allí se desvistieron y desnudos bajo los siete colores fueron toda la noche un ovillo de vida susurrante sobre la hierba pisada y olorosa de las savias derramadas

Mientras lejos en el mar el otro extremo del arco iris se sumergía hasta el fondo de las aguas y los peces deslumbrados giraban alrededor de la luminosa columna

El día amaneció en una tierra libre por donde corrían sueltos y claros los ríos y donde las montañas azules apenas reposaban sobre la llanura

A mulher e o homem voltaram à cidade deixando pelo chão um rasto de sete cores lentamente diluídas até se fundirem no verde absoluto dos prados

Aqui os animais verdadeiros pastavam erguendo os focinhos húmidos de orvalho e as árvores carregavam-se de frutos pesados e ácidos enquanto no interior delas se preparavam as doces combinações químicas do outono

Entretanto o arco-íris tem voltado todas as noites e isso é um bom sinal

La mujer y el hombre volvieron a la ciudad dejando por el suelo un rastro de siete colores lentamente diluidos hasta fundirse con el verde absoluto de los prados

Aquí los animales verdaderos pastaban alzando sus hocicos húmedos de rocío y los árboles se cargaban de frutos pesados y ácidos mientras en su interior se preparaban las dulces combinaciones químicas del otoño

Entretanto el arco iris vuelve todas las noches y eso es una buena señal

Uma vez mais os lugares conhecidos os lugares de solidão e de morte os centímetros quadrados de tortura as cores do sangue até à sua final cor de terra

Uma vez mais o infinito combate as batalhas aquelas que se ganharam e essas outras humildes perdidas e de que não se quer falar

Uma vez mais os suspiros sobretudo os últimos e os primeiros e os que estão entre uns e outros uma vez mais o braço sobre o ombro e o corpo sobre o corpo

Uma vez mais tudo o que uma vez foi ou muitas as pegadas de hoje na marca dos pés antigos uma vez mais a mão no gesto começado e interrompido e assim sucessivamente

Uma vez mais a ida e o regresso e agora a esperada fadiga entre duas altas montanhas num chão de pedra onde a sombra de repente fica enquanto o corpo se dissolve no ar

Una vez más los lugares conocidos los lugares de soledad y de muerte los centímetros cuadrados de tortura los colores de la sangre hasta su último color de tierra

Una vez más el infinito combate las batallas las que se ganaron y esas otras humildes perdidas y de las que no se quiere hablar

Una vez más los suspiros sobre todo los últimos y los primeros y los que están entre unos y otros una vez más el brazo sobre el hombro y el cuerpo sobre el cuerpo

Una vez más todo lo que una vez fue o muchas las pisadas de hoy en la marca de los pies antiguos una vez más la mano en el gesto iniciado e interrumpido y así sucesivamente

Una vez más la ida y el regreso y ahora la esperada fatiga entre dos altas montañas en un suelo de piedra donde la sombra de repente se queda mientras el cuerpo se disuelve en el aire

Assim olhar apartado a própria sombra com olhos invisíveis e sorrir disso enquanto as pessoas perplexas procuram onde nada está

E uma criança objectiva se aproxima e estende as mãos para a sombra que fragilmente retém o contorno ainda mas não já o cheiro do corpo sumido

Uma vez mais enfim o mundo o mundo algumas coisas feitas contadas tantas não e sabê-lo

Uma vez mais o impossível ficar ou a simples memória de ter sido

Consoante se conclui de nada haver debaixo da sombra que a criança levanta como uma pele esfolada

Así mirar apartado la propia sombra con ojos invisibles y sonreír por ello mientras la gente perpleja busca donde nada hay

Y un niño objetivo se acerca y extiende las manos hacia la sombra que frágilmente aún retiene el contorno pero no ya el olor del cuerpo sumido

Una vez más en fin el mundo el mundo algunas cosas hechas contadas tantas no y saberlo

Una vez más el imposible quedarse o la simple memoria de haber sido

Conforme se concluye que nada hay bajo la sombra que el niño levanta como una piel desollada

EPÍLOGO

CATORZE DE JUNHO

Cerremos esta porta.
Devagar, devagar, as roupas caiam
Como de si mesmos se despiam deuses,
E nós o somos, por tão humanos sermos.
É quanto nos foi dado: nada.
Não digamos palavras, suspiremos apenas
Porque o tempo nos olha.
Alguém terá criado antes de ti o sol,
E a lua, e o cometa, o negro espaço,
As estrelas infinitas.
Se juntos, que faremos? O mundo seja,
Como um barco no mar, ou pão na mesa,
Ou rumoroso leito.
Não se afastou o tempo. Assiste e quer.
É já pergunta o seu olhar agudo
À primeira palavra que dizemos:
Tudo.

CATORCE DE JUNIO

Cerremos esta puerta.
Lentas, despacio, que nuestras ropas caigan
Como de sí mismos se desnudarían dioses.
Y nosotros lo somos, aunque humanos.
Es nada lo que nos ha sido dado.
No hablemos pues, sólo suspiremos
Porque el tiempo nos mira.
Alguien habrá creado antes de ti el sol,
Y la luna, y el cometa, el espacio negro,
Las estrellas infinitas.
Ahora juntos, ¿qué haremos? Sea el mundo
Como barco en el mar, o pan en la mesa,
O el rumoroso lecho.
No se alejó el tiempo, no se fue. Asiste y quiere.
Su mirada aguda ya era una pregunta
A la primera palabra que decimos:
Todo.

ÍNDICE

POEMA A BOCA CERRADA
POEMA A BOCA FECHADA

MITOLOGÍA
MITOLOGIA

EL AMOR DE LOS OTROS

O AMOR DOS OUTROS

EN ESTA ESQUINA DEL TIEMPO
NESTA ESQUINA DO TEMPO

PROBABLEMENTE ALEGRÍA
PROVAVELMENTE ALEGRIA

EL AÑO DE 1993
O ANO DE 1993

EPÍLOGO

Ensayo sobre la lucidez
JOSÉ SARAMAGO

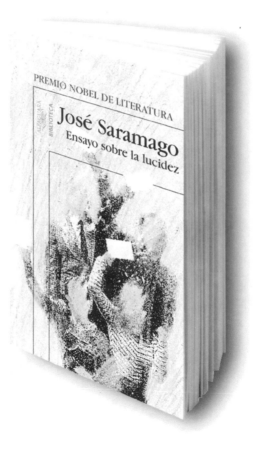

El hombre duplicado
JOSÉ SARAMAGO

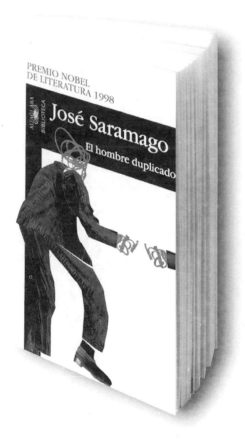

www.alfaguara.com

La caverna
JOSÉ SARAMAGO

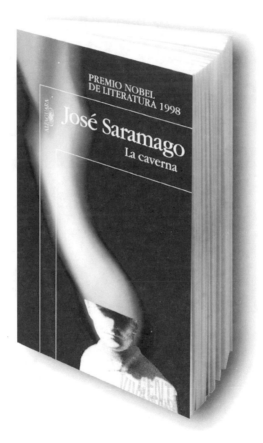

Este libro se terminó de imprimir
en el mes de abril de 2005
en en Indugraf, Sánchez de Loria 2251,
Buenos Aires, República Argentina.